科学論理の社会学

「ワラスの輪」というモデル

Walter L. Wallace
ウォルター・ワラス 著 / Watanabe Shin
渡辺 深 訳

ミネルヴァ書房

THE LOGIC OF SCIENCE IN SOCIOLOGY
by Walter L. Wallace

Authorised translation from English language edition published by
Routledge, an imprint of Taylor & Francis Group LLC.
through Japan UNI Agency, Inc., Tokyo

はしがき

本書のテーマは、（科学的社会学に特に適用されるような）抽象的形式あるいは科学の「論理」に限られる。従って、本書では、特定の科学、あるいは、科学全体の実質的内容、あるいは、それらの社会的、経済的、政治的、倫理的、美学的、歴史的、その他の原因、条件、結果が考察されるわけではない。私の主な目的は、以下のような質問に対する主要な答えを、容易に理解され十分に裏付けされた図式に圧縮し、単純化し、整理することである。そもそも何が学問を「科学的」にするのか。理論、経験的一般化、仮説、観察とは何か。どのようにそれらは相互に関係するのか。「科学的方法」とはどんな意味か。帰納と演繹は科学においてどんな役割を果たしているのか。測定、サンプリング技術、記述統計、統計的推論、尺度構成、有意性検定、「グランド」理論、「中範囲」理論はどんな位置にあるのか。論理、因果性、偶然に関する私たちの考えはどんな役割を果たすのか。簡潔性の法則の意義とは何か。科学的な言明を表現する際に、言葉による言語と数学言語はどこが同じでどこが異なるのか。

しかしながら、本書にはこれらの抽象的な質問に答える以上のことが意図される。本書で考察されることは、特定の領域内部、そして、全ての領域を横断する、非常に多様な科学的研究を限定された数の相互に関係する形式的要素にまとめる枠組を提供することによって、科学の社会学と歴史において実質的な役割を果たすだろう。そのような枠組は、科学的研究の形式的側面、および、その実質的、社会的、経済的、政治的、そして歴史的側面との間の経験的関係を評価するのに役立つことが期待される。

最後に、本書が個人の科学的研究を構築する際に役立つことを期待する。この意味で、全てのそのような研究に内在すると思われる、最も一般的な形式的問題を考慮するための指針として扱えるだろう。

本書の著作にご支援を下さったことについて、ラッセルセイジ財団とその組織の同僚に感謝する。彼らの支援、知的刺激、著書は不可欠な背景であり原材料であった。アレクサンダー・J・モリンは、優れた批判とアイデアを常に提供してくれる。リチャード・J・ヒルは、本書で考察されたいくつかの問題を再考するようにうまく導いてくれた。ロバート・K・マートンは、本書の初期の原稿にコメントを下さり励まして下さった。そして、バーン・ファスは私の手書きの固りをうまくタイプしてくれた。

科学論理の社会学——「ワラスの輪」というモデル

目次

第1章　序文

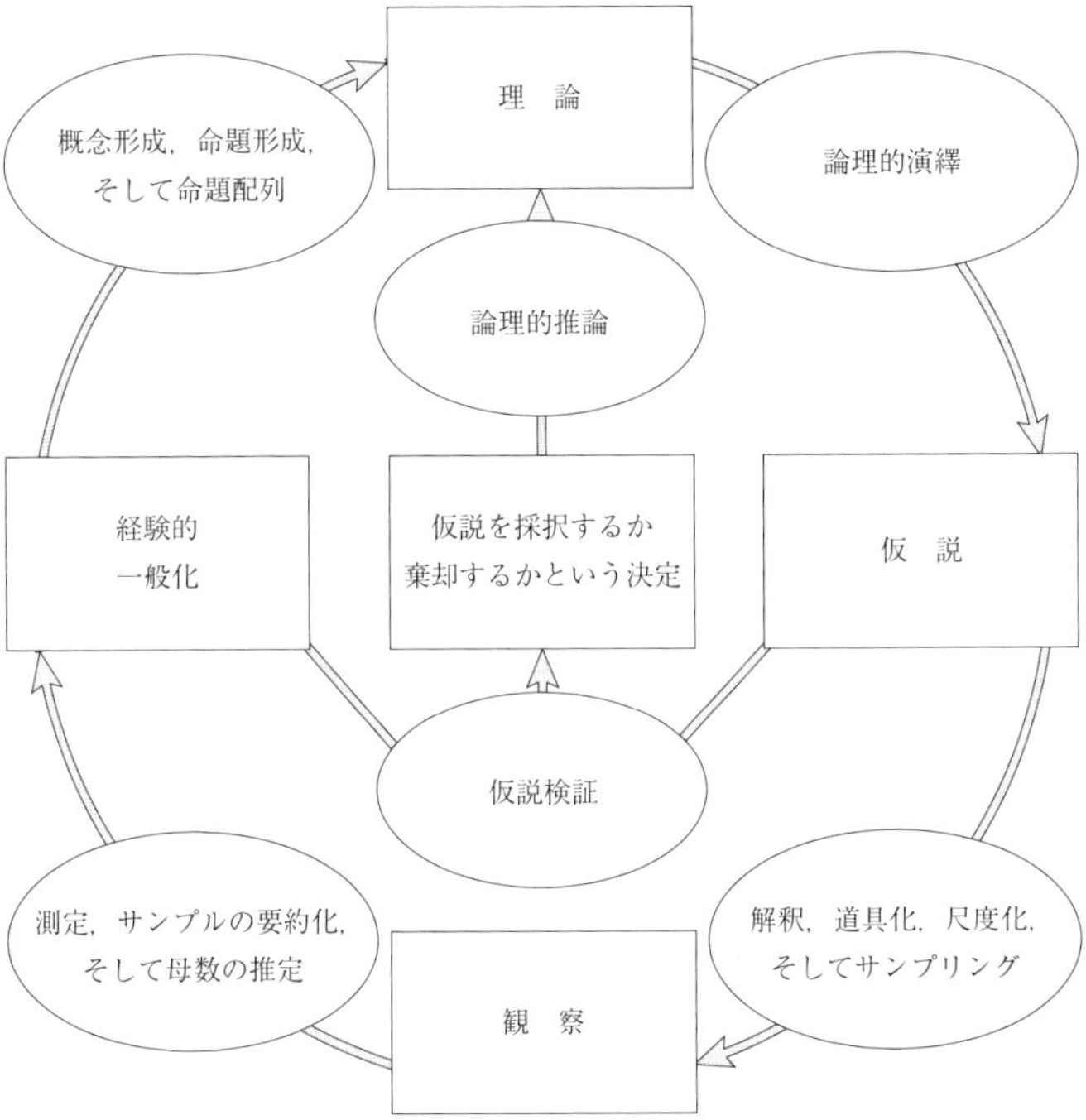

図1－1　科学的過程における主要な情報構成要素，方法論上の統制，そして情報変換

注：情報構成要素は長方形，方法論上の統制は楕円形，そして情報変換は矢印によって示されている。

科学と三つの選択肢

いずれにせよ、科学は、人間の経験の世界における出来事についての言明を生み出し、その真偽を検証する一つの方法である。しかし、科学はこれを行ういくつかの方法のうちの一つにすぎないので、それらの方法を全て識別し、それらの間の最も一般的な差異のいくつかを特定し、それらが提供する脈絡の中に科学を位置付けることから始めるのが適切であると思われる。

経験的言明を生み出し、その真偽を検証する方法は、少なくとも四つあり、それらは、「権威主義的」「神秘的」「論理―合理的」「科学的」方法である。[1] これらの間の主な区別は、真理であるといわれている言明の生産者（すなわち、誰がそう言うのかと問うこと）、その言明が生み出される手続き（すなわち、どのようにして知るのかと問うこと）、そして、その言明の結果（すなわち、それがどんな違いを生み出すのかと問うこと）に対して、どのようにして信頼を与えるかである。

権威主義的方法では、知識について資格ある生産者として社会的に定義された人々（例えば、神官、長老、大司教、王、大統領、教授）に言及することによって、知識が求められ、検証される。ここでは、知識を追求する者は、真の言明を生産する能力を特定の社会的位置の自然的あるいは超自然的な占有者の属性と考える。追求者がこの権威を求める手続き（祈り、嘆願、エチケット、儀式）は、権威の反応の性質にとって重要であるが、その反応への追求者の信頼にとっては重要でない。さらに、このようにして獲得された知識の実際的な結果は、権威の最終的な失墜に貢献する可能性があるが、こうなる前に、非常に多数の効果的な反証（disconfirmation）が必要になるだろう。

（薬物やストレスによって誘発される幻覚を引き起こす様々なものを含む）神秘的方法は、権威主義的方法と部分的に関係する。それは、両方が預言者、霊媒、神学者、神、他の超自然の知識豊かな権力者から情報を集める限りにおいてである。しかし、権威主義的方法は、本質的に、知識生産者の社会的位置に依存するが、神秘的方法は、基本的に、知識の消費者に個人的な「神の恵み（恩寵）を受けている状態」が現れること、および、その個人の心身の状態に依存するのである。従って、神秘的方法では、儀礼的な浄化および感覚を敏感にさせる手続きを消費者に適用することにずっと多くが依存するだろう。この方法は、また、知識の追求を、精霊信仰の対象を超えて、タロット、ヘキサグラム、占星術の読本として現れるような、非個人的で、抽象的で、予知不能なほどにインスピレーションを与える、魔術的な源泉にまで拡大する。この場合も、権威主義的方法と同様に、知識の神秘的な根拠に対する信頼が揺らぐ前に、非常に多数の効果的な反証が必要になるだろう。

論理—合理的方法では、真であると称する言明の判断は、主に、これらの言明が作られた手続きにもとづき、その手続きは形式論理の規則を中心とするものである。この方法は、権威主義的方法と神秘的方法に関係するが、それは、この二つが手続きの規則および論理―合理的方法の「第一原理」、すなわち公理の両方を受け入れる根拠を提供できる限りにおいてである。しかし、これらの根拠がいったん受け入れられると、理由のいかんを問わず、正しい手続きの厳守は妥当な知識を生み出すと常に考えられるのである。前記の二つの方法のように、結果による反証は、知識を獲得する論理―合理的方法の受容可能性にはほとんど影響を与えないだろう。

最後に、経験的命題を生み出し検証するこれらの四つの方法のなかで、科学的方法は、当該の言明に関する観察の結果への第一の信頼と、それらの結果を生み出すために使われた手続き（方法）への第二の信頼を組み合わせるのである。[2] 生産者の特性自体にはほとんど重きが置かれない。それが関与するとすれば、生得的よりは達成的特性が、それ自体のためではなく、結果と手続きの主張に関する一応明らかな証明として強調される。

科学的方法における方法の役割を強調する際に、二つ以上の情報項目（例えば、観察、経験的一般化、理論）が真値について対立すると信じられる時はいつでも、選択は集合的な評価とそれらの項目を生み出した手続きの反復に大きく依存する。[3] 実際に、科学の方法の全ては、相対的には厳格な文化的慣習として考えられ、それによって提案された知識項目の生産、変革、ひいては、批判が集合的になされ、比較的に明確な結果がもたらされるだろう。高度に慣習化された批判がこのように重要なのは、方法[4]が科学の本質であるとしばしばいわれる時に意味されることであろう。この方法とそのいくつかの部分の相対的な明瞭さと普遍性のおかげで、科学者が専門分野の境界内部だけでなく境界を越えてコミュニケーションを行うことができるのである。

科学的方法は、意図的そして体系的に、科学者個人の観点を消滅させようとする。（観察、経験的一般化、理論、仮説、あるいは仮説を採択するか棄却するかという決定のどれであろうと）科学的情報のあらゆる言明について、それが世界の不偏の（*unbiased*）イメージを描くと言えることを科学的方法は希望する。不偏のイメージとは、観察された出来事の時と場所に関係なく、観察者の目立った特徴と関係なく、世界についての特定の科学者の個人的イメージではなく、究極的には、世界についての人間のイメージではなく、世界の「本当の」姿を描く普遍的なイメージである。明らかに、そのような具体性を欠く「客観性」は有限の存在にとって不可能であるので、私たちでそれに最も近似するものは科学者諸個人の合意でしかない。科学的方法は、世界についての特定のイメージに関する合意に達するための規則を構成する。科学的過程の方法論的統制は、このようにして、文字通りの意味で客観性を代用するという不可能な努力ではなく、間主観性の批判、議論、そして究極的には、合意[5]のための規則を代用することによって、個人の観点を消滅させる。尺度構成し、サンプル抽出、測定、母数の推定、論理的帰納、論理的演繹などのための規則が科学的情報の項目を批判し、棄却し、採択するための第一の基礎になる。ゆえに、理念的には、批判は、最初に情報項目が世界について語ることに向けられるのではなく、項目が生み出された方法に向けられる。

しかし、真であると主張する言明について、その観察の結果に頼ることとは、方法論的な慣習に頼ることよりも、科学にとってさらに決定的に重要であると私は強調する。上記の方法論上の批判のあとで、二つの情報構成要素が対立するとまだ信じられているならば、それぞれが科学的コミュニティによって受け入れられる程度は、それを観察によって反証しようとする目的で繰り返される試みに対する抵抗力に大きく依存する傾向がある。同様に、二つの方法論上の手続きが対立すると信じられる場合には、それらの間の選択は、新しい仮説を生み出し、体系化し、予測する相対的な能力にもとづくのである。従って、ポパーは次のように述べる。「私は、特定のシステムが経験によって検証できる場合に限り、そのシステムを経験的あるいは科学的と認める……経験的で科学的なシステムは経験によって反証できなければならない（Popper, 1961：40-41）」。

観察が観察者から部分的に独立している（すなわち、多かれ少なかれ観察が自分によって形成されるとしても、観察者は自分以外の何かを観察することができる、要するに、観察がいかなる観察者にとっても外部である、「向こうに存在する」何かについて部分的に言及する）と想定すると、観察への依存は、方法への依存が追求する目標と同様の目標を追い求めることが明白になる。その目標とは、個人の偏りの消滅と本当の世界の姿についての「普遍的な」イメージの達成である。しかしながら、方法への依存と観察への依存がこの目標を追求する方法には、重要な差異が存在する。方法への依存は、個人の偏りを高度に慣習化された批判に服従させ、集合的な合意に従属させることによって、個人の偏りを攻撃する。ゆえに、方法への依存は、個人の偏りを共有された偏りによって押さえ込むのである。しかし、観察への依存は、（上記の「独立性」の想定を前提として）個人的でユニークなものであろうと集合的で共有されたものであろうと、究極の源泉が全ての人間の偏りから独立している要素を両方の偏りに取り込むのである。一言で言えば、それは、個人的および共有された偏りに偏りのないもの（*un-bias*）を加味するのである。

従って、人間の経験の世界についての言明を生み出し検証する科学的方法は、起源が人間の慣習である規則、そして、起源が部分的に非人間的であり非慣習である出来事（観察可能なもの）（*observables*）への二重の要請にもとづいている。これらの二つの基礎から、科学がその実践者自身の個人の偏りに強力な攻撃を加えるので、いかに足元が危なく絶望的であろうと、これらの二つの基礎が、共に、人間の経験の世界についての文字通り超人間的な見解を追求するだろう。

最後に、知識を生み出し検証する諸方法についてのこのような簡単な比較において、科学的方法、権威主義的方法、神秘的方法、そして論理―合理的方法は、他の方法のいずれも除外するわけではないことを留意すべきである。実際には、典型的な努力には、科学的観察と方法、権威主義的な脚注と証拠書類、儀礼的に浄化された（つまり、訓練された）想像と洞察、論理―合理的な帰納と演繹がいくらかずつ含まれている。これらの方法の間で、どこが相対的に強調されるか、あるいは優位になるかによって実際の事例を分類することが可能になる。長期的には、どの方法も他の方法と比べて、より多く、より正確で、より重要な知識を生み出す保証がないので、恐らく同様に考えられる。そして、短期的でも、神秘的、権威主義的、あるいは論理―合理的（あるいは実際にはランダムな）手段によって発見された特定の客観的な真理は、科学的手段によって発見された同様の真理に劣らず真実である。その真理への私たちの信頼は、私たちがどの手段を疑うことなく受け入れるように社会化されてきたかによって変わるだけである。

人間の経験の世界についての言明の真理を検証する他の方法と比較して、科学に関する最初の視点を前提として、科学にさらに焦点を絞ったアプローチが可能である。

科学的過程における諸要因の概説

科学的過程は、五つの主な情報構成要素を含んでおり、それらの相互への変換は、図1－1に示される一般的な方法で、六つの主要な方法のセットによって統制されていると記述できるだろう。この図は、本書の考察の多くの部分に関する簡潔ではあるが正確な地図である。従って、その図の諸部分が適切な時点で再表示される。しかし、読者は、その全体の視点を明確に心に留めておくために、時々その完全な図に戻ることを望むかもしれない。簡潔な解釈として、図1－1は、次のような考えを示すものである。

個々の観察は、高度に特異的なものであり、基本的にユニークな情報項目である。それは、経験的一般化と称されるより一般的形式に総合化される。その総合化は、測定、サンプルの要約化、そして、母数の推定によって達成される。同様に、経験的一般化は、概念形成、命題形成、そして、命題配列によって理論に総合化できる情報項目である。理論は、最も一般的なタイプの情報であり、論理的演繹の方法によって、新しい仮説に変換可能である。経験的仮説は、仮説を観察可能なものに解釈し、道具化、尺度化、そして、サンプリングによって新しい観察に変換される情報項目である。これらの新しい観察は、（再度、測定、サンプルの要約化、そして、母数の推定によって）新しい経験的一般化に変換される。その次に、新しい経験的一般化を創出した仮説は、新しい経験的一般化と一致しているか否かについて検証される。そのような検証は、新しい情報の結果、すなわち、検証された仮説を採択するか棄却するかという決定をもたらすだろう。最後に、その決定が理論の確証（confirmation）[6]、変更、あるいは、棄却を与える。

図１－１と上記の解釈の意味についてさらに詳細に述べる前に、次の点を強調しなければならない。上記および本書全体を通して記述された過程は、①すぐに起こる時もあれば、ゆっくりと起こる時もある。②高度な公式化と厳密性を伴って起こる時もあれば、非常に非公式に、意識することなく、直感的に起こる時もある。③異なる役割の数人の科学者（例えば、「理論家」「調査監督」「面接者」「方法論者」「サンプリング専門家」「統計学者」など）の相互作用を通じて起こる時もあれば、一人の科学者の努力を通して起こる時もある。④科学者の想像においてのみ起こる時もあれば、現にあった事実として起こる時もある。言いかえれば、図１－１と本書の考察が科学の体系的な表現であり、科学を社会的に組織化された人間の試みの一つの領域とみなすことが意図されるが、それらが柔軟性を欠くということが意図されるわけではない。私が選んだ課題は、主要な共通の諸要素――テーマ――を説明することであり、その諸要素にもとづいて、異なる科学者がそれらの非常に多くのバリエーションを発展させる可能性があり、そして、実際に発展させている。これらの多くの可能なバリエーション、そして実際のバリエーションを分析するのは、

ここでの私の主要な目的ではない。私は基礎をなすテーマについて述べたいだけである。それでも、テーマについての私の分析は、それとなく、バリエーションの分析を包含することもできるほど、柔軟性があるという主張を擁護するためにも、上記のバリエーションのタイプ（特に最後のタイプ）について簡単に考察することが役立つように思われる。

科学のそれぞれの下位過程（例えば、ある情報構成要素を別のものに変換する下位過程や特定の方法論上の統制）は、ほとんどいつも一連の予備的試行（trials）を含んでいる。これらの試行が全く想像上のものである場合がある。すなわち、科学者は自分の感覚には存在しない対象のイメージを心の中で操作する。科学者は次のように考えるだろう。「もし自分にこのような道具があれば、こういう観察ができるだろう。これこれの一般化、理論、仮説が生み出されるだろう。あるいは、恐らく、別の理論があれば、別の仮説――既存の経験的一般化にさらに一致する仮説――を検討するだろう」。これらの想像上の試行は、科学的変換のいくつかのステップ全体を通して数回に渡って行われる場合もあるが、たった一回のステップで達成されることもあるように思われる。（そして、もちろん、これらの想像上の試行が、実現し、正しく、有意義なものであるという結果になれば、）その科学者の業績は「洞察力がある」と言われる。「直観」「知的な推論」「発見的意思」が科学において特別な有用性を見出されるのは、まさに、このように想像上の試行を実施する時である。

科学者のコミュニティによって真理についての言明として最大限社会的に受け入れられるためには、試行を想像だけに任せておいてはいけない。試行が実在の事実にならなければならない。科学的過程の実現化（例えば、希望する道具を実際に作成すること）は、通常、試行が実施される速度の減少、そして、その厳密さと公式化の増加をもたらす。それは、すべての試行過程を物質界の制約および頑固さに従わせるからである。試行を実施する科学者の役割の専門化が進む可能性も高いだろう。

上記で言及した（想像上であろうと実現化されたものであろうと）試行過程において、図1-1に示されるものとは反対の方向が一時的にとられることが頻繁にある。(7) 例えば、理論から演繹される仮説についての最初の定式化は、あいまいで、正確ではなく、論理的に不完全であり、検証できない、あるいは、他の点で不満足なものであるかもしれない。満足な定式化が生み出されるまで数回に渡って改訂されるかもしれない。この過程で、演繹された仮説が変更されるだけでなく、各試行の定式化に関連する事項が理論自体について多くのことを明らかにする場合には、元の理論もまた変更されるだろう。

同様に（図1-1の周りをさらに回転して）、仮説を観察に変換する過程は、数回の解釈の試行、数回の尺度化（新しい尺度が作られ、代替となる尺度が選択される）の試行、そして、数回のサンプリングの試行に関与する。（科学的過程において、この時点では、多くの場合「予備テスト」あるいは「予備研究」と呼ばれる）各試行では、新しい観察は、少なくとも想像上であるか、大抵の場合には、現に実施されたものである。それらの観察から、調査者は、最終の観察と経験的一般化が自分の仮説にどれぐらい関連する可能性があるのかについてだけでなく、自分が生み出す観察や経験的一般化を前提として、自分の仮説がどれぐらい適切なものであるかについても判断するのである。また、調査者は、変更したい情報を前提として、自分の方法がどれぐらい適切なものであるかも判断するだろう。従って、新しい尺度化、道具化、サンプリング、あるいは、解釈の技術が考案され、試行されることが、図1－1に示されている逆の過程よりはむしろ新しい仮説の演繹をもたらすかもしれない。

図1－1に示される情報変換の各ステップに対して逆行するこれらの過程にもかかわらず、主要な過程の方向は依然として図に示されたままである。反転方向に進む場合は、それらは、新しい進歩の前の背景となる準備や修正として最も良く表現されるのである。従って、観察するための新しい道具の発明は、新しい仮説の演繹をもたらすかもしれない。その結果、新しい観察が実際に公式的に新しい道具でなされる場合に、それらは、単なる科学以外の好奇心よりはむしろ科

学的に解釈可能（すなわち、仮説などと比較可能な経験的一般化に変換可能）なものになるだろう。同様に、理論的に演繹された仮説の特定の公式化は、その母体となる理論、あるいは、論理的演繹の方法に影響を及ぼすだろうし、その理論がそれを支持する経験的一般化、決定、および、論理的帰納の規則に影響を与えるだろう。次のステップが実際に取られる（すなわち、仮説の解釈、尺度化、道具化、サンプリングによって観察がなされる）時には、観察は新しく検討され確固とした根拠に基礎を置くのである。

しかしながら、C・ライト・ミルズが暗示するように、そのような注意深い背景となる準備が常に生じるというわけではないし、実際には、科学的過程のいかなる要素もその公式化と他の諸要素との統合の程度において大きくばらつくだろう。ミルズは、「理論化と科学的過程の他の段階の関係は、非常に根拠が弱いものなので、『概念のフェティシズム』によって理論が歪められ、囚われる」と特に論じる。同様に、調査法と仮説、観察、経験的一般化との関係が非常に厳密なので、経験的調査が「方法論上の抑制」によって歪められると、彼は主張する。(8)加えて、特定の現象を「探索する」調査と特定の仮説を「検証する」調査の区別は、公式化と統合の程度における同様なばらつきが別の形で明示されたものである。「探索的な」研究は、まさに新しい実質的な、あるいは、方法論的な領域を探るので、まだ非公式的で統合されていない、理論的、仮説的、そして方法論的な議論に基礎を置く。そのような研究について公表された報告を理解することは、多くの場合、その研究を補強した「に違いない」理論を推論すること、あるいは、調査者が考えた「に違いない」経験的一般化、仮説、観察、あるいは、検証などを推測することに依存する。しかし、「仮説検証」の研究は、科学的過程のあらゆる要素において、もっと明確な、もっと公式化された、そして、もっと統合された基礎を持つ傾向がある。(9)

最後に、科学的過程の諸要素についての導入部となる記述において、社会学者（そして、他の科学者も）は、多くの場合、「理論」（あるいは「理論構築」）と「経験的調査」を科学の二つの主要な構成要素と呼ぶのみである。これらのよく知られている用語と上記で概説されたより詳細な諸要素との関係はどのようなものか。

図1－2はこの質問に答えるために考案されたものである。図1－1の左半分は、観察とその理解からの理論の帰納的構築を意味し、右半分は、観察と観察の知識への理論の演繹的適用を意味すると思われるものを示す。同様に、図1－1の上半分は、多くの場合、方法として帰納的論理と演繹的論理を用いる理論化と呼ばれるものを示す。下半分は、「調査法」と呼ばれるものの助けによって、多くの場合、経験的調査を行うということを意味するものを示す。科学的過程の区分間の様々な相互関係は、図1－1から明らかであるが、その過程は多くの他の線によって容

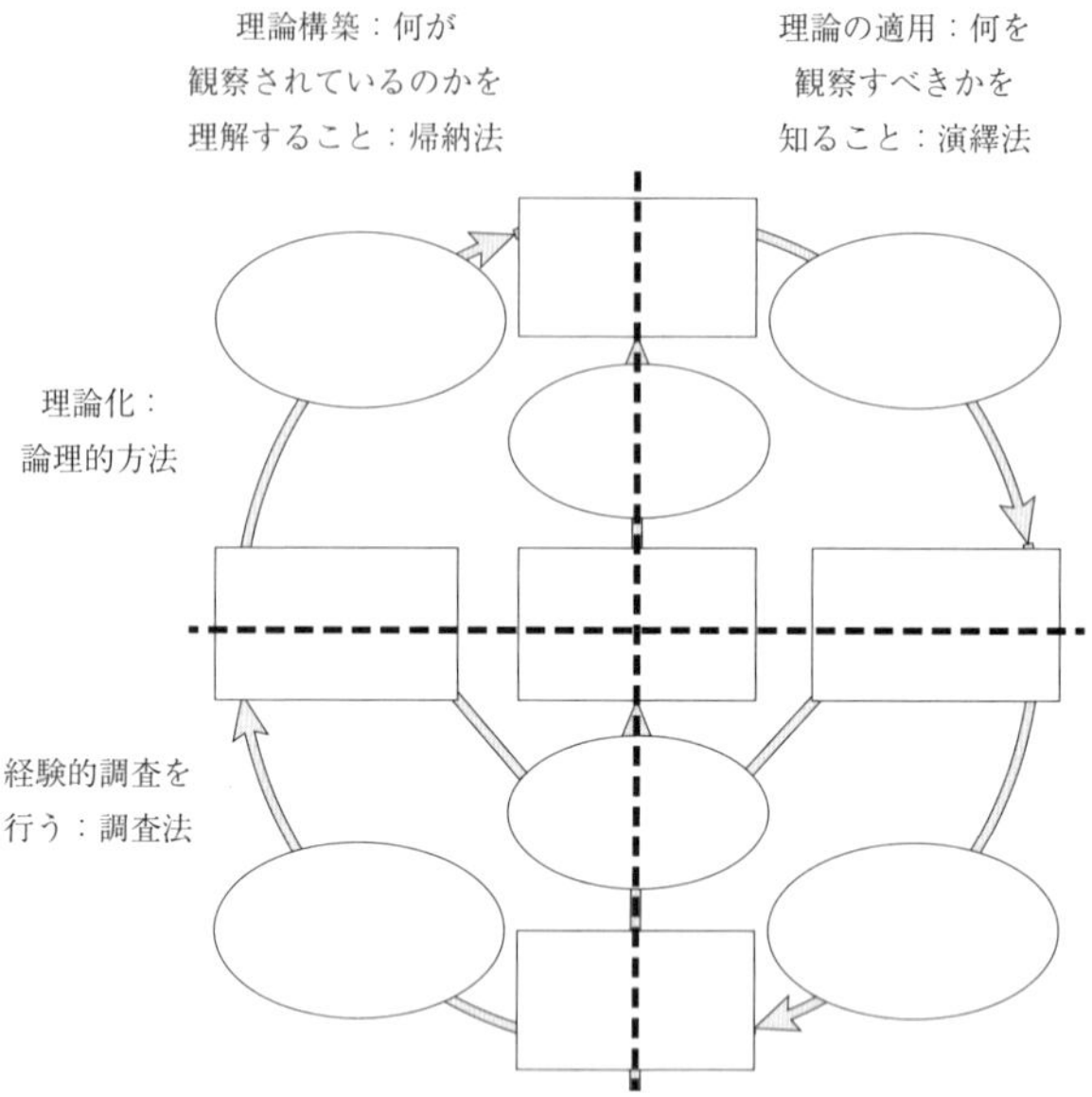

図１－２　従来の用語による科学的過程における主要な構成要素，統制，そして変換の分類

易に分割することができるだろう(11)。

しかし、図1－2が示すように、すべての五つの情報構成要素、および二つの方法論上の統制セットは図において隣接して置かれている。情報構成要素の隣接性は、情報構成要素が指示された条件の下で相互に変換され、科学的過程で少なくとも二重の役割を果たす能力を意味する。特に重要なのは、中心を上に抜ける変換上の線である。この線は、仮説と経験的一般化の間の整合性の検証が、科学的作業の演繹的ならびに帰納的側面に依存し、理論の適用だけでなく、理論の構築にとっても必須であることを表す。また、仮説を採択するか棄却するかという決定は、理論の構築と適用、ならびに理論化と経験的調査の実施の間に不可欠な架け橋を形成することを示すものである。これらの隣接性を示すことにより、方法論上の統制と情報構成要素のシリーズが決定的に重要であることを強調する。そこでは、世界についてなされる「具体的な」観察と心の中で作られる「抽象的な」理論が親しい対立関係として出会い、両方にとって必然的に大きな結果が伴うのである。

デュルケームの『自殺論』にもとづく解説

今まで提示された定式はどちらかといえば抽象的である。デュルケームの有名な研究（一八九七年に最初に発表された研究）にもとづく解説は、本書の後の部分でさらに詳しく調べることになる過程についての総合的な意味を伝えるだろう（強調すべきことは、この解説では、自殺に関する私の言明がどの程度経験的に真であるか、これらの言明がどの程度デュルケームの言明を再現するのかについて余り関心がないことである。その代わり、私の言明の形式が図1－1を解説し、どのようにして自殺に関する科学的な言明が生み出され、その真偽が検証されるのかを例示することである）[12]。

なぜ自殺率が他の人々よりも特定の人々の間で高いのかを説明することに科学者が関心を持つと仮定しよう。たとえそのような関心は曖昧で暗黙のものであり、意識せずに持たれるものかもしれないが、そのような関心は以前の理論や仮説によって生み出されるのはほぼ確実である（デュルケームは、『自殺論』の序文三五～三九頁で自分の関心はそのようにして生まれたと指摘した）。しかし、自分の研究関心を満足させる最初の明確な一歩は、実際に観察ができる現象から「自殺」という概念を解釈することであろう[13]。

その次は、これらの観察に適用される尺度を選択、あるいは構成することだろう。デュルケームは、集計に比例尺度、宗派、性別、国籍などには名目尺度、暦年には間隔尺度、婚姻の地位には（明らかに）順位尺度を用いた。

次に、観察するための道具が決められる。デュルケームは、（彼が自殺という用語を解釈したように、自殺について正確に記録したものとして受け入れた）公式文書と、他の人々によって出版された研究に委ねた。

そして、サンプリング手続きに関する決定がなされる。デュルケームは、十九世紀の特定の年度になされた自殺を、特定の年齢カテゴリー別、特定の性別などについて、ヨーロッパの様々な地政学的な単位から抽出した。

最後に、上記の方法論上の決定に準じて行為することにより、大量の個別の観察が収集されるだろう。これらの観察は、適切な尺度によって測定され、測度（*measure*）は、割合、平均、合計、地図、表、グラフなどの形式によって要約されるだろう。これらの要約は、実際にサンプルに含まれる観察のみに言及されるので、これらの測度からサンプルが抽出された母集団の真値（すなわち、誤差の無い値）に対応する推定値が計算されるだろう。デュルケームは、この問題を明確に考慮したようには見えず、彼のサンプル統計（*sample statistics*）を母集団パラメータ（母数）であるかのように扱っただけである。

この時点で、苦労して収集された大量の観察は、簡潔ではあるが、情報的には負荷の大きい、「自殺率は、カトリックとプロテスタントという宗派によって異なる」という経験的一般化に要約されるだろう。

次の（経験的一般化から理論への）情報変換は、四つのもっぱら精神的ステップを含んでいる。①未調査の宗派集団および調査された宗派集団が異なる程度に保持し、そして、それらの集団で自殺率が異なることを論理的、あるいは因果的に説明する、特性を識別する概念（説明項）を形成する。②自殺率が他に想定できる率と共有する特性を識別する概念（被説明項）を形成する。つまり、その特性によって、それらの率全てが説明項の論理的、あるいは因果的な結果である。③最初の経験的一般化に述べられている関係と一致するように、説明項と被説明項を関係付ける命題を形成する。④そのような命題をいつくか形成する。それらの命題は、共通の説明項あるいは被説明項を全て共有し、さらなる仮説の演繹と検証が可能になるように並べられる。

デュルケームにもとづく例を続けると、最初のステップ（説明項の形成）は、「自殺率は、その非常に低い値から中くらいの値の範囲で、諸個人の社会的統合と反比例する」というような言明に達することを意味する。ここでは、宗派――最初の経験的一般化の独立変数――だけが理論的に概念化された。第二のステップは、「逸脱行動の出現は、その非常に低い値から中くらいの値の範囲で、諸個人の社会的統合と反比例する」というような言明に至るだろう。従って、それは、自殺率――最初の従属変数――のより抽象的な概念化を加える。[14] 第三のステップは、次のような種類の理論的命題を生み出すだろう。「諸個人の社会的統合は、その非常に低い値から中くらいの値の範囲で，逸脱的行動を反比例の比率で生起させる」。ここでは，説明項と被説明項は原因と結果として関係する。その関係は，最初の経験的一般化の関係と一致する関係であるが，観察可能な「共変関係を越えてより抽象的な因果関係に至るのである」[15]。最後に，第四のステップでは，上記の（観察を経験的一般化に変換することから始める）過程の反復を通して，三つの他のデュルケーム的な命題を発展させるだろう。そこで，四つのすべての命題は（必要な定義と一緒に），次のような連鎖型理論（concatenated theory）になるように並べられるだろう。

定　義

①「逸脱行動」とは，他者によって広められた特定の行動上の規定あるいは禁止に諸個人が違反することである。

②「社会的統合」とは，諸個人が他者によって提供される利益と損害を客観的に受け取り，彼らが他者の社会システムに統合される程度である。

③「規範的統合」とは，諸個人が他者によって広められた行動上の規定，あるいは禁止を主観的に受け入れ，彼らが他者の規範システムに統合される程度である。

命　題

逸脱行動の出現を引き起こす要因

①社会的統合は、その非常に低い値から中くらいの値の範囲で、逸脱的行動を反比例の比率で生起させる。

②社会的統合は、その中くらいの値から非常に高い値の範囲で、逸脱的行動を正比例の比率で生起させる。

③規範的統合は、その非常に低い値から中くらいの値の範囲で、逸脱的行動を反比例の比率で生起させる。

④規範的統合は、その中くらいの値から非常に高い値の範囲で、逸脱的行動を正比例の比率で生起させる。

そのような理論から、その理論を生み出す過程で実際に調査したもの以外の社会的、規範的統合の例に言及することによって、自殺以外の種類の逸脱行動の出現を説明する新しい仮説を演繹し、解釈し、最後に検証することができるだろう。（再度デュルケームからの）例を用いるならば、未婚者は既婚者よりも低い社会的統合を経験し、そして、それらの社会的統合がその非常に低い値から中くらいの値の範囲であることを明らかにできれば、その理論は、未婚者では、既婚者と比べて、自殺率が高く、他の逸脱行動の出現率も高いと予測する。その仮説を直接的に観察可能な用語、尺度化、道具化、サンプリングに解釈することによって、また、測定、要約化、母数の推定によって、その仮説の真偽を検証する新しい観察と新しい経験的一般化が以前のように生み出されるだろう。そして、その新しい経験的一般化はその仮説と比較されるだろう。もしその比較の結果が好ましいものと判断されれば、その仮説を採択するという決定がなされ、その理論に対する確証が推定される（あるいは、より正確には、反証が推定されない）だろう。もし理論が変更されないままならば、多くのそのような仮説の検証結果はその理論の限界を記述するものだろう。すなわち、そのような結果は、どんな種類の「逸脱行動」「社会的統合」「規範的統合」がその説明の範囲に入るのか、またどんな種類が入らないのかについて指摘する。しかし、科学者は、通常は、ある理論の限界について記述するよりも拡大することに関心があるので、支持する結果を与えなかった検証の影響の下ではほぼ確実に理論が変更されるだろう。

上記のすべてのコメント、そして、特にデュルケームにもとづく解説を背景にして、図1－1の各要素により接近してみよう。知識を獲得する科学的な方法における経験的一般化の極めて重要な役割についてすでに言及した。従って、私の考察はこの情報変換要素から始め、図1－1を時計回りで進む。しかしながら、図1－1によって示されている過程には、実際の開始や終わりがなく、教科書的に言えば便利であったりなかったりするだけなので、他のどの要素、統制、あるいは、変換から始めることもできるだろう。

注

（1） 以下の考察はモンタギュによって提言された（Montague, 1925）。

（2） 神秘的、科学的、権威主義的方法の間に存在する社会学的関係に関する考察には、マリノフスキー（Malinowski, 1948）を参照のこと。権威主義的と科学的方法を比較した古典的実験（つまり、個人の知覚に与える集団の影響）には、アッシュ（Asch, 1958）とシェリフ（Sherif, 1958）を参照。ベッツィ・バーリィ（私信）は、グルーチョ・マルクスが映画「吾輩はカモである（Duck Soup）」で語った以下のセリフを思い出す。
「あなたは誰を信ずるのか。私を信じるのか、それとも、自分の目を信じるのか」。

（3） これが科学的方法の特徴的な傾向であるということは、この傾向が決して反対されないということではない。様々な時と場所において、ガリレオ、マルクス、ダーウィン、そして他の多くの人々に対し、政治的圧力がかけられてきた。

（4） ネーゲルは、科学的方法を「探求の価値を評価するために……使われる一般的論理（Nagel, 1967 : 9）」に限定するので、私の「方法」の使い方は、恐らくネーゲルが「技術」と呼ぶものの一部を含んでいる。

（5）ネーゲル（Nagel, 1967：10）を参照。

（6）バーグマンによる類似するが簡略化された定式、「科学の家が建てられる三つの大黒柱は、観察、帰納、そして演繹である（Bergmann, 1957：31）」と比較のこと。科学的過程の他の簡略な記述は以下を参照。ポパー（Popper, 1961：11）、ボーム（Bohm, 1961：4, 5）、カプラン（Kaplan, 1964：9-10）、スティンチコム（Stinchcombe, 1968：15-18）、ブラロック（Blalock, 1969：8）、そして、グリア（Greer, 1969：4）を参照。

（7）この点を私に指摘してくれたことに対してリチャード・J・ヒル（Richard J. Hill）に感謝する。しかし、「一時的に」と「試行」についての考えは私の解釈によるものである。

（8）ミルズは、これらの歪みを「グランドセオリー」「抽象化された経験主義」と呼んだ（Mills, 1959：25-75）。グレーザーとストラウスも「学識によって作られた少数の昔の理論的推測が散りばめられた、証明なしの前提とちょっとした常識のもとに考え出されたにすぎない論理——演繹理論」と「社会調査から体系的に獲得されたデータから生み出された理論——『グラウンデッド』理論」を冷笑的に対比する（Glazer and Strauss, 1967：29, 2）。

（9）ダイアナ・クレイン（Crane, 1972）は、「探索的研究」、そして、それらが示す科学的過程の変種は、科学的な領域の発展の初期の段階に典型的なもの（クーンの「パラダイム期」[Kuhn, 1964]）であるのに対して、仮説検証の研究は、より成熟した（「パラダイムに基礎を置く」段階）に典型的なものであると提言する。

（10）私は、「適用」を工学的というよりもむしろ科学的な意味で用いる。

（11）「理論対調査」の区別にもとづいたいくつかの相互依存性に関するより詳細な考察は、ロバート・マートン（Merton, 1957：85–117）の「社会学理論の経験的調査に対する意義」と「経験的調査の社会学理論に対する意義」を参照。図1－1は、クーンが「パラダイム」という用語によって意味した要因も含んでいる。「パラダイムという用語を選択することによって、実際の科学的活動について受容された例のいくつか、つまり、法則、理論、適用、道具化をともに含む例が、科学的調査についての首尾一貫した特定の伝統が生じるモデルを提供する（Kuhn, 1964：10）」とクーンは述べる。しかし、クーンは「理論」だけを「パラダイム」とみなす時もある（Kuhn, 1964：77）。

（12）デュルケーム自身の言明については、デュルケームの『自殺論』（Durkheim, 1951）を参照。自殺に関する現時点での要約は、ギブズ（Gibbs, 1966：1968）とダグラス（Douglas, 1967）を参照のこと。

（13）デュルケームに関する限り、彼は自殺を「犠牲者自身の積極的あるいは消極的な行為から直接的あるいは間接的に起因する死の事例であり、その行為がこの結果をもたらすことを犠牲者自身が知っている事例である（Durkheim, 1951：44）」と解釈した。これがどの程度実際の十九世紀の活動において観察可能なもの（observables）である現象に言及する解釈であるのかについては、（デュルケームの解釈の最後の節を考えると、）もちろん、疑問の余地がある。

（14）『自殺論』では、デュルケームは、自殺率をさらに高次の抽象性のレベルに概念化しなかった。

このため、彼の理論はやや非対称のままである。しかしながら、『自殺論』の序文で、彼は、「高い自殺率は、ヨーロッパ社会が経験している一般的で現代的な不適応の症状である」と実際に提言した（Durkheim, 1951：37）。

（15） ブラロック（Blalock and Blalock, 1968：155）を参照のこと。

第2章　観　察

——測定・サンプルの要約化・母数の推定・経験的一般化

第2章　観　察

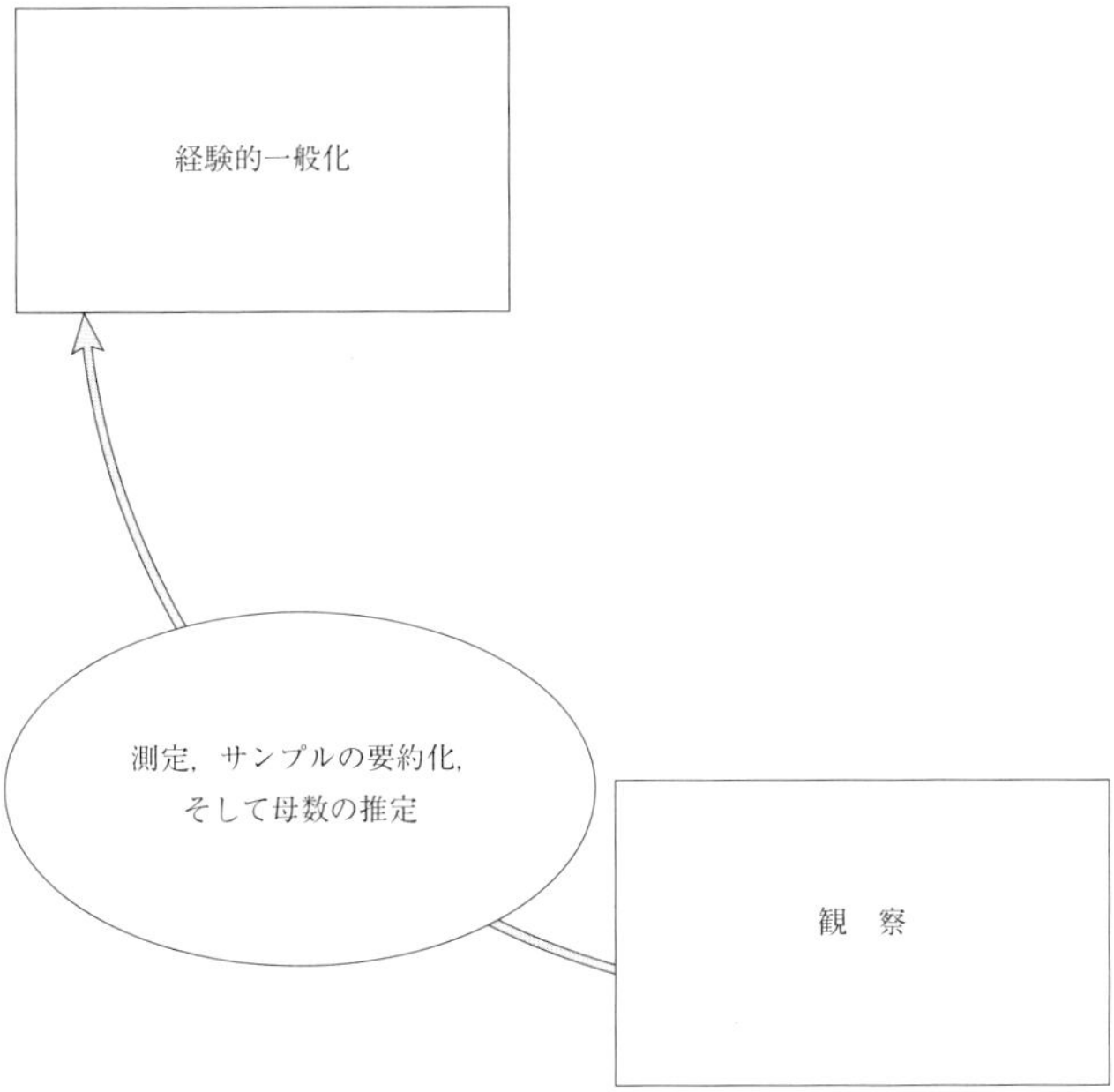

観　察

観察は、ネーゲルが論じる全体の科学的過程において、最も重要な審判者であるように思われる。ネーゲルは次のように論じた。

科学的思考は、日常的体験で遭遇する物事や出来事を観察することによって示唆される問題をその究極の出発点とする。その目的は、これらの観察可能なものの中に体系的な秩序を発見することによって、観察可能なものを理解することである。そして、説明と予測の道具として役立つ諸法則に対するその最後の検証は、それらがそのような観察と一致することである(Nagel, 1961 : 79)[1]。

しかし、科学における観察の最重要性は、観察が「即座に与えられたものである」、あるいは、観察がそれらの生み出した経験的一般化、理論、仮説から元来全く分離していることを意味するわけではない。反対に、観察がなされるまさにその手続きは、科学的過程の他の情報構成要素が前に存在したかどうかに部分的に依存する。ウロボロスは自分自身の尾を食し、そして、それを生み出している。

例えば、ポパーは次のように論じる。

経験不足な経験主義者は、……私達は自分の経験を収集し並べることから始め、そのようにして、科学の階段を上る……と考える。しかし、私が「いま経験していることを記録しなさい」と命令されたら、この曖昧な命令にどのようにして従ったらいいのかほとんど分からないだろう。私は執筆している、あるいは、ベルが鳴っている、新聞配達が何か叫んでいる、拡声器がブンブン鳴っているのが聞こえる、と報告すべきか、あるいは、これらの雑音に私がイライラすると多分報告すべきか……科学は視点を必要とし、理論的問題を必要とする（Popper, 1961：106）。

そして、ワトフスキーは次のように論じる。

いかなる記述的な言葉、いかなる観察的な言明は、すでに仮説である。さらに、……そのような仮説のすべては、それと共に、この仮説を支持する、あるいは、支持に失敗するために、経験による検証へ私達を導く様々な関連性を持つのである（Wartofsky, 1968：182）。(2)

もし普段の日常の観察が以前の情報構成要素（例えば、仮説）と方法論上の統制（例えば、検証）にこのように依存するならば、ましてや観察に対してなされる計画的な統制が特徴である科学的観察はそれらにさらにどれだけ依存するのだろうか。その件についてカプランが論じるように、科学におけるあらゆる観察は、

まず、第一に、なされる何かであり、科学者によってなされる行為である。……科学的な観察は、事前に念入りに考慮して実行される計画的な探索であり、日常生活で時々起こる主に受動的な知覚と対照をなすものである。科学に特徴的なのは、特別な道具を使うこと（それらは重要ではあるが――この使用はそれ自体事前の念入りの考慮を示すものであることは別にして）だけでなく、観察過程のこの計画性と統制である。……何よりも、「観察」は特別な配慮がなされていることを意味する。その言葉の根本的な意味は、ただ「見ること」だけでなく、「見守ること」でもある（Kaplan, 1964：126–127）。[3]

しかし、科学的観察が科学的過程の別の要素に依存すると述べることは、科学的観察がそれらから部分的に独立していると述べることを妨げるわけではない。実際には、同じことが図1－1

に示されるすべての情報構成要素、方法論上の統制、そして情報変換についていえる。他のものに全面的に依存しているものは何もない。従って、図1-1に描かれているシステムは、実のところ、いずれの時点でも閉鎖システムではない。そのシステムへのインプットは、その図から省かれており、本書では分析的な焦点の理由からのみ述べられるにすぎない。しかし、私は、科学的制度の社会構造、そして、インプットの源泉として科学的制度を取り囲む社会構造についてもすでに言及したと指摘しておこう。そして、文化の他の観念的な下位システム——すなわち、美学的そして倫理的な下位システム——は、科学的過程にインプットするが、それは、提案されている情報構成要素、方法論上の統制、あるいは、情報変換の「美」あるいは「気品」あるいは「道徳的正当化」を考える際においてである。さらに、科学的過程への可能なインプットの他の源泉についても言及する。（例えば、科学史における特定の時点における科学者の数、採用と除籍の率、特に科学的資源に関する空間と時間における彼らの分布、彼らの心理学的ならびに生理学的特性、そして、社会全体、特に科学における一般的な技術的能力の支配的な水準などが他の源泉である。）

最後に、（特に、科学的過程における観察の役割に関する現在の文脈では）「感覚——私たちが知覚する有機体の表面の受容器官のレベルにおける基本的な生体活動とみなすもの（Wartofsky, 1968：102）」は、科学的過程においてそれ自体ユニークで独立したインプットとして述べられねばならない。すなわち、もし「感覚データが典型的に質的な印象（色彩、形、音色、硬さ、柔らかさ、なめらかさなどの感覚的質）として考えられる（Wartofsky, 1968 : 102）」なら、例えば、科学者がなめらかさ、あるいは粗さ、青のパッチ、あるいは赤のパッチなどを感知するなら、科学者の究極的な観察言明に影響を及ぼすだろう。さらに、感覚「受容器官」が実際に外部からそれらに作用する「印象」を受け取ると言われるならば、この観察上の差異の少なくともいくつかはそのような外部の信号によるものであろう。そして、今度は、その外部の信号はある程度受容器官から独立して作用するだろう。結論がこの（明らかに、変化可能な）程度の観察者―独立性に基礎を置いているように思われる。それは、「私たちは、私たちが見たいもの、あるいは、見たいと願うものを単に見るのではない。あるいは、私たちの観察は単に期待の関数であるわけではない（Wartofsky, 1968 : 122）」という結論であり、ゆえに、観察は、科学的過程のアウトプットであるだけでなく、科学過程への純粋な情報インプットを構成するという結論である。(4)

測　定

従って、観察を以前の情報と方法のアウトプットとして強調する時は、観察と測定の同時性が指摘できる。「すべての科学的観察は、ある程度は、測定である。『私はボールが赤であることを観察する』という単純な観察上の言明には、私たちが分類できる重要な属性によって、『ボール』と『赤』が『ボールではないもの』と『赤くないもの』と見分けられる枠組がすでについている（Wartofsky, 1968 : 174-175）」。しかしながら、観察の独立したインプット特性を強調する時は、観察はしばしば道具（例えば、カメラ、集計機、テープレコーダー、紙と鉛筆による調査票、音程についての観察者の耳と記憶など）を通してなされ、後で、図1-1によって示唆される方法で測定されること――関連ある値の尺度との計画的な比較という意味で――が指摘できる。

部分的にはこの理由で、図1-1は、多くの場合単一の過程「測定」として扱われるものを二つの局面に分割する。それは、測定で用いられる尺度を考案し選択すること（「尺度化」）、そして、一連の手続き上の規則に従ってこの尺度を適用すること（「測定」）である。私は、この分割を通して、尺度は――実際には、尺度は、その種類が測定に合わせられるように、いくつかの観察がなされた後で開発されるが（第一章の科学的過程における「試行」と逆方向についての議論を参照のこと）――常にそれらが測定する特定の観察に先行すると主張する。この点が先ほど論じた点――観察の測定は多くの場合観察の実施に続くという論点――と組み合わされると、何の尺度もまだ存在せず、何の測定の手続きも適用できない観察が偶然になされたならば、その観察は無用なもの、あるいは意味のないものとして捨てる必要はないという結論が導かれるだろう。それらの観察は、適切な尺度と測定手続きが考案されるまで保持されれば、新しく真実を明らかにする経験的一般化、理論などとつながる、予期せずに発見した（serendipitous）出来事になるかもしれない。

一般に、測定は手続きとして定義され、その手続きによって、シンボル（「尺度値」）が観察に体系的に割り当てられ、そのシンボルの間に特定化された関係が正当なものとして伝統的に定義される。従って、測定の手続きは、常に、観察を一連の抽象的なシンボル（言葉、数、文字、色、音など）と比較し、事前の規則に従って、一つあるいはそれ以上のシンボルをその観察に割り当てることにもとづくのである。(5) 従って、割り当て規則と割り当てられたシンボル間の正当な関係の範囲（repertoire）が（第四章で論じられる尺度化の手続きによって）前もって確立されたので、測定された観察は、その範囲が許容する方法によって象徴的に操作され得る。ゆえに、測定に含まれているシンボルによる表象によって、科学者は、観察を操作し、また、明確な規則によって、これらの操作の性質と論理的な結果を特定し、制限する能力を獲得する。実際に、ほとんどの観察は、象徴的にしか比較できない。例えば、千年の時を隔てて存在した社会集団についての観察は、その集団の参加者の数や名前、彼らの相互作用の頻度などによってしか比較できない。一般に、観察それ自体は、非常に限定された範囲の操作だけしかできない可能性がある。すなわち、それらは、加算されたり、減算されたり、あるいは、割合にしたり、相関させたり、文の主語、あるいは目的語として紹介したり、グラフ、図、あるいは、絵の要素として用いることができないかもしれない。そのような観察（そして、その派生物である、経験的一般化、理論、そして仮説）には、適切な種類のシンボルのみが操作可能である(6)。

サンプルの要約化

しかし、観察に尺度値を割り当てることは、すべての経験的観察に対して分類の一般化を課すという、回避できない不正確さの影響下にある。ポパーは次のように論じる。

測定は以下の表現で記述されるべきである。私たちは、身体の測定で指し示す点は、物差しの二つの目盛あるいはマークの間にある、あるいは、私たちの測定器具の指針は尺度上の二つの目盛の間にあることに気付く。……従って、間隔、範囲が常に残ったままである（Popper, 1961：125）。

結果として、特定の測定間隔内にあるすべての観察は、それらが実際には相互に異なるものであるのに、その尺度によれば識別不可能なものとなり、その尺度によってあたかもそれらが全く同一であるかのように扱われる。ゆえに、個々の観察のレベルで、経験的一般化の形成が最初に作用する。個々の観察のサンプルを「平均」「比率」「得点」などに要約するレベルでは、この過程がさらに明確なものとなる。「記述統計」と呼ばれる技法は、科学的過程において、ほとんど欠くことのできない位置を占めている。この一般的な問題について、ネーゲルは以下のように指摘した。

> 特定の気体の中での音の速度を測定する時に、測定が繰り返されると、一般に、異なる数値が得られる。それに応じて、速度に確定した数値が割り当てられねばならない場合には、これらの異なる数値は、ある方法で、通常は想定される実験誤差の法則に従って、「平均値」を求めねばならない。要するに、気体の中での音の速度についての法則は、感覚がとらえた直接的なデータの間の関係を公式化するわけではない（Nagel, 1961：82）[7]。

一般化の過程は、避けられないものであり、調査者の意識的な了解の有無に関わりなく、サンプルデータを要約する、あるいは、「単純化する」ための計画的な努力だけでなく、測定器具の検出限界によって生じるのである。

母数の推定

しかし、観察を経験的一般化へ変換させるには少なくとももさらなる一歩がある。あらゆる科学は普遍的な真理（特定の現象のすべての例に該当することが期待される言明[8]）を追求するので、観察のサンプルを測定することによって得られた尺度値をただ要約したり「平均化」したりするだけでは十分ではない。これらの値は、もし関心ある現象についてのすべての可能な観察がなされ、正確に値が割り当てられる時に得られるかもしれない値とは異なる、偏ったサンプルの値を表しているかもしれない。明らかに、偏ったサンプルにもとづいた言明は、関心のある母集団に対するいかなる単純な適用可能性も欠いている。すなわち、それらの言明は望まれる普遍性を欠いているのである。母数の推定——統計的推論の技法を使うか、あるいは、それほど厳密でなく、より非公式な手続きであろうと——は、従って、観察を経験的一般化に変換することに対する不可欠な統制になる。それを通して、科学者は、もし（特定の数で、特定の手続きで生み出された）観察されたサンプルが実際に母集団を代表するものであれば、観察可能な関心のある母集団において期待される値の範囲を推定しようとする。科学者は、その結果、この観察されたサンプルについて言及する経験的な要約が、まだ（そして常に）観察されていない関心のある母集団について言及する経験的一般化に変換できる程度を推定しようとする。

普遍性だけでなく、正確さが経験的一般化に望まれる。そして、結果として、前者同様後者も最大化できる方法論上の統制が特定化される。従って、科学者は、観察されていない関心のある母集団において期待される値の範囲を狭めるために（つまり、母数のより正確な推定をするために）しかるべき手段――観察されたサンプルが抽出される方法とサンプルの数に特に関係する手段――を講じるのである。

時々一つの観察が入手できる最良の母数の推定として暫定的に受け入れられることがある（例えば、地球上で自然に生起する形態は社会現象の性質に関する私たちの唯一の観察である）。この受容は、一つ以上の観察を行うことに伴う法外なコスト、あるいは、他の困難さに起因する。しかし、そのような場合には、その一つの観察の代表性に全てがかかっている。そのような代表性についての主張の妥当性は、そのような観察の母集団に存在する実際の変動性（多様性）に依存する。さらなる観察がなされるならば、そして、それらが重要な変動性（多様性）を明らかにするならば、その一つの観察はより正確な経験的一般化によって即座に取って代わられるだろう（あるいは、そうするべきである）。これは、個々の「事例研究」についての科学者の慎重さと観察の繰り返しを主張することの根底にある論理である。というのは、経験的一般化の正確さに、経験的一般化を説明し、他の関連する経験的一般化を予測するために考案される理論の妥当性がかかっているからである。

経験的一般化

いずれにしても、測定、サンプルの要約化、そして上記の母数の推定の手続きを通して、多くの、あるいは、少数の観察が経験的一般化に変換される。ブレイスウェイトはそのような一般化を「属性の間の普遍的な関係を主張する命題」と定義し、以下のように書き加える。

一般化は、同じ事か同じ出来事において諸属性が随伴することを主張するだろう。……あるいは、何らかの二つの出来事が随伴することを主張するだろう。その二つのうち、前者はAという属性を持ち、前者は後者とRという関係を持ち、後者はBという属性を持つ。……あるいは、それは、三つ、四つ、あるいはそれ以上の事について、もっと複雑ではあるが、同様の主張をするだろう。物事の間の関係は、物事において同時に起こる出来事の間の関係かもしれないし、同時に起こらない、同じ物事、あるいは二つ以上の物事の間の関係であるかもしれない

(Braithwaite, 1960：9)。

観察が経験的一般化に変換される根本的な論理（ブレイスウェイトが論じるように、「実例から経験的一般化への推論（Braithwaite, 1960：257n.)」）は、帰納法と呼ばれる（図1－2を参照)。ブレイスウェイトは、二つのタイプの「帰納的原理」を記述する。

第一に、単純な列挙（数え上げること）による帰納的原理がある。その列挙に従って、帰納的仮説が経験によって反証されず、少なくともn個の支持する実例があれば、それは確立した仮説として扱われる……第二に、消去原理がある。その原理に従って、帰納的仮説が経験によって反証されず、他の選択肢となる仮説が反証されたならば、それは確立した仮説として扱われる(Braithwaite, 1960：260)。

そのような「列挙原理」と「消去原理」に、ワトフスキーは、社会学者にはよく知られている形式、すなわち、「統計的一般化」[9]を加える。彼は、「統計的一般化は、観察の合計数が増加するにつれて、（ある属性、あるいは、属性間の関係の相対頻度の比率が）継続して観察されるという帰納的推論を行う（Wartofsky, 1968：234)」と述べる。しかし、「そのような（推論の）妥当性の条件は、そのような一般化がなされるもととなるサンプルについて推定される無作為性である。」そして、「そのような無作為性の規範は理念的な事例において……確率の数学的計算によって明記される（Wartofsky, 1968：239）」。実際には、さらに進んで、統計的一般化の妥当性の直接の条件は、測定、サンプルの要約化、そして、一般化それ自体を生み出す母数の推定の手続きだけでなく、変換して一般化となる観察を生み出す手続きのすべてを含む。これらは、（サンプリングの手続きに加えて）道具化、尺度化、そして解釈の手続き――図1－1に示され、本書の第四章で論じられるように――を含む。

注

（1）ブレイスウェイト（Braithwaite, 1960：255）を参照。
（2）ハンソン（Hanson, 1967）も参照。
（3）ちなみに、ここでカプランが科学的観察と日常的観察の間の極めて重要な区別として計画性と統制を強調することは、彼が「何かを知ることとそれを経験すること」の違いに関係するようにみえると指摘できるだろう。「その日が暖かいと知るのと、その暖かさを感じるのは別のことである。認知的過程それ自体は、その他のものと同様に十分に具体的な経験であるが、知られていることとは、何か抽象的なものであり、命題に公式化されるものである。……そして、どんな命題のセットもその状況の経験の内容を一杯にすることはできない（Kaplan, 1964：208）」。科学は誤解されてはならない。科学は知識のみを追求するものであり、経験の再創造を追求するものではない。後者の探求は芸術になり、そして、脳の次第に多様化する科学的、催眠状態的、精神分析的、そして電気的刺激になる。

（4） 観察における観察者——独立性の要素は、（程度は異なるが）実念論者にも現象論者にも広く認められている。言語学とプラグマティズムの見解は、この要素を否定もしないし、認めることもしない。それは、彼らの関心とは無関係である。ワトフスキー（Wartofsky, 1968：108-113）を参照。

（5） カプランは、「（測定される）対象は、明確な構造の抽象的な空間に位置付けられる（Kaplan, 1964：177）」と論じ、ワイル（Weyl）が「すべての測定の最終的な特徴は、［象徴による表象 symbolic representation］だけである」と述べたと引用する（Kaplan, 1964：178）。

（6） （科学的目的のために）シンボルが割り当てられる観察に対してシンボルが持つ優越性から、カプランの議論から推論される、特に比較に関連する二つの「測定の機能」が生じる。①測定は、異なる「種類」の現象（例えば、一ポンドの羽は一ポンドの鉄粉と等しい）の観察間の類似性の評価を可能にする。②測定は、同じ「種類」の現象（例えば、一ポンドの羽は一・一ポンドの羽と等しくない）の観察間の差異の評価を可能にする。カプラン自身の言葉によれば、「測定は、要するに、仕掛けである。……それによって、多様な源泉の対象間の等価性を確信する。……測定の第二の機能は、より繊細な識別とそれに応じてさらに詳細な記述を可能にすることである

（Kaplan, 1964：173-174）」。

科学史においていかなる瞬間でも現象が分割される「種類」は、決して不変のものではなく、様々な次元に沿って類似点や相違点についての測定された評価に大いに反応する。従って、土、空気、水、火との間の「種類」についての古来の区別は、部分的には、測定の尺度と手続きが変更された結果、物質の新しい「種類」によって取って代わられてきた。

（7）カプランは「真の測度のフィクション」に言及し、「私たちは測定を訂正し、誤差を減少させるが、常にある点までしかできない」と論じる（Kaplan, 1964：202）。

（8）ワトフスキーは、「何かがすべて可能な例に対して無制限に真であることを言明する法則が私たちには必要であり、その例の数は恐らく観察された例の数よりも無制限に大きい……」と述べる（Wartofsky, 1968：250）。

（9）帰納に関する正当化と批判についてのブラック（Black, 1967）とワトフスキー（Wartofsky, 1968：210-227）の考察を参照。

第3章　経験的一般化

――概念形成・命題形成・命題配列・理論

第3章　経験的一般化

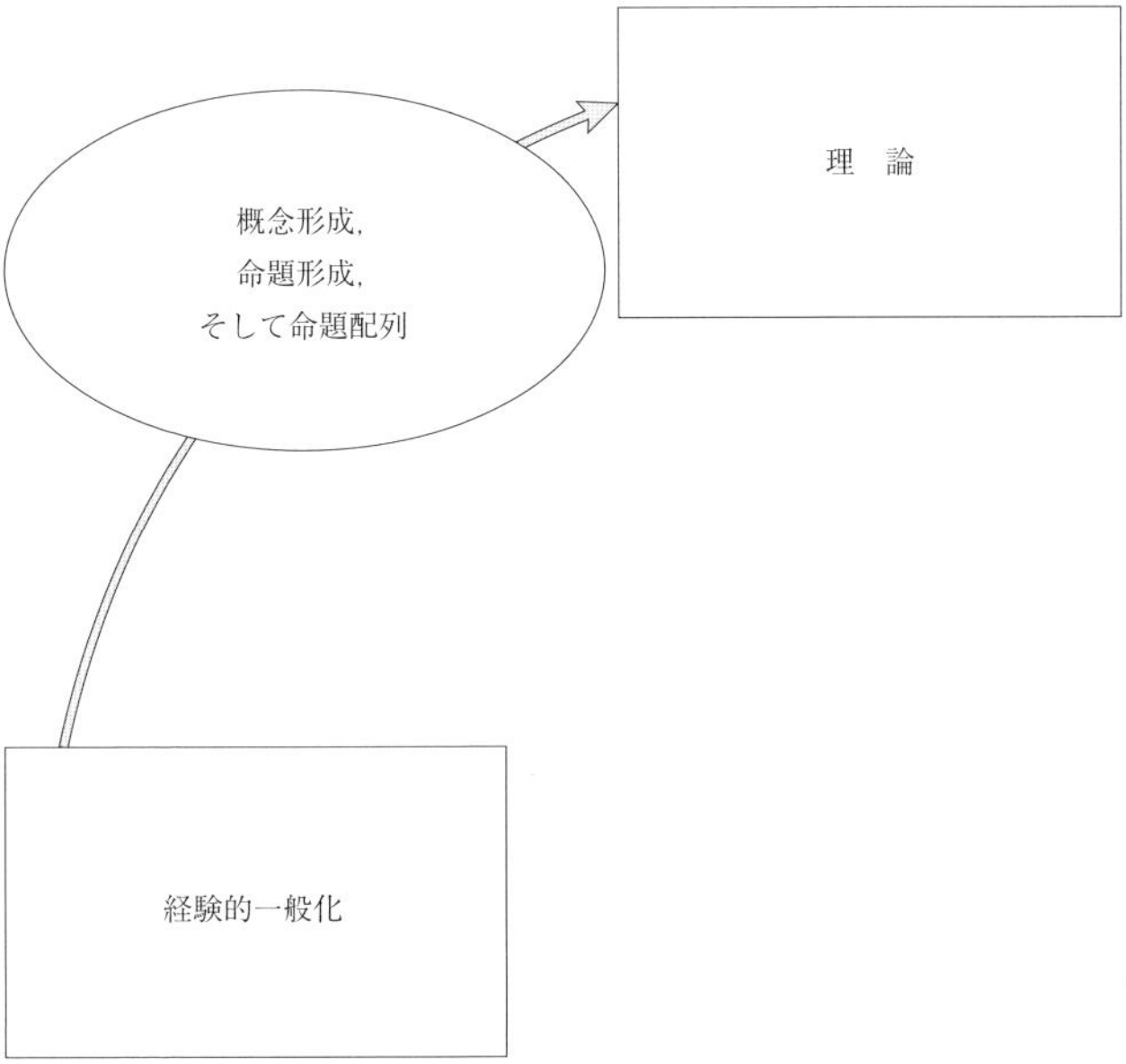

経験的一般化と理論

マートンは、経験的一般化を「二つ以上の変数間の関係について観察された斉一性を要約する分離した命題（Merton, 1957：95）」と定義し、「科学的法則」という言葉を「理論から導き出すことができる不変性の言明」のために取っておく（Merton, 1957：96）[1]。適切な説明理論がまだ存在しない経験的一般化とそのような理論がすでに存在する経験的一般化の区別が重要であると思われるが、それは他の研究者によってそれほど強調されていない。例えば、ブレイスウェイトは次のように述べる。「科学的法則が一般化を含むという一般的合意は存在するが、他に何か含むのかどうかについての合意は存在しない（Braithwaite, 1960：10）」。そして、ネーゲルは、「実験的法則」を「観察できる物事（あるいは、物事の特性）の間の関係（Nagel, 1961：80）」と定義する。

マートンの区別の一つの重要性は、ゼターバーグによる「理論的仮説」（経験的な支持がまだ存在しない命題）と「理論的定説（invariance）、すなわち、法則」（経験的支持がすでに存在する命題）の区別からよく理解される。二つの区別を交差分類すると、現実についての四つの言明が示唆される。①理論的基礎と経験的基礎の両方が存在する言明（ゼターバーグによって「理論的定説」、マートンとゼターバーグの両者によって「法則」と呼ばれる言明）、②理論的基礎は存在するが、経験的基礎が存在しない言明（ゼターバーグによって「理論的仮説」と呼ばれる言明）、③経験的基礎は存在するが、理論的基礎が存在しない言明（マートンによって「経験的一般化」と呼ばれる言明）、そして、④理論的基礎と経験的基礎のどちらも存在しない言明（カプランの「空想」、あるいは「前提」という用語の使用（Kaplan, 1964：35, 86）、あるいは、他の用語の「想像」の使用）。この図式では、空想から法則への二つの発達経路が辿れるだろう。空想―理論的仮説―法則の経路では、理論を発見する、あるいは、構築し、その理論から空想が新しい仮説として演繹できて、その仮説を検証し、その結果を法則としての理論に帰納する。空想―経験的一般化―法則の経路では、空想は新しい事例としてその観察パターンに帰納されて、観察のパターンが構築され、さらにその結果を法則としての理論に帰納する。

従って、――この図式が基礎を置いている――マートンとゼターバーグの区別の一つの効用は、それらの区別によって私たちが公式的に二つのしばしば競い合うスタイル――それぞれが「理論的な傾向の」あるいは「経験的な傾向の」と特徴付けられるスタイル――を識別することができ、それによって、「着想（ideas）」（上記の図式における空想）が「理解（understanding）」（上記の図式における法則）に変換されることが可能となる。天動説、フロギストン説、エーテル論、生気論などを含む法則の終焉に見るように、逆方向の科学的発展（すなわち、法則から空想への発展）もまた生起するが、そのような発展はただ一つだけの経路を辿ったように思われる。それは、法則—反証され—理論的仮説—空想というものである。

二つ目の、さらに意義が重要なものは、マートンによる、理論によって支持される経験的一般化とそうではない経験的一般化との間の区別であり、それは、他の経験的一般化と関係することによって、そうでなければ切り離された事実にさらなる説明力を与えるという暗黙の認識と密接に関係するのである。理論の一部として、所与の経験的一般化は、それが特に言及する現象に関する私たちの直接の理解だけでなく、それによって特定されないが、それが理論的に関係する他の経験的一般化によって特定される現象についての間接的な理解にも貢献する。その逆も真である。当該の一般化が関係する他の経験的一般化は、それが言及する現象の理解に間接的に貢献する。しかしながら、経験的一般化は、それらが導出される理論的枠組からの重要な程度の独立性を常に保持する。ネーゲルはこの点について次のように述べる。

実験的な法則が所与の理論によって説明され、従って、後者の考えの枠組に組み込まれる時でさえ……、二つの特性はその法則に有効であり続ける。その法則は、その理論から独立して公式化される意味を保持し、それは、その法則が理論の最終的な消滅を乗り切ることを可能にさせる観察上の証拠にもとづいている。……そのような事実は，実験的な法則は，いわば，それ自体の命を持ち，その法則を説明するいかなる特定の理論の継続された命に付随するものではない（Nagel, 1961：86-87）。

しかし，経験的一般化と，一方で法則との関係，他方で理論との関係をどのように心に描いても，現在の議論における最も重要な点は，一般化（そして法則）と観察の単純で同意された関係である。すなわち，それらは観察における斉一性の言明である。(2) しかしながら，そのような言明と理論との関係はそれほど単純ではない。この関係については，少なくとも二つのはっきりと異なる見解があるように思われる。これらのうちの一つは，帰納的に経験的一般化から生み出されるのではなく，経験上意味のないシンボルの発明と操作によって，理論が生み出されると論じる。例えば，ワトソンは以下のように主張する。理論に到達する経路は「非常に多様であり，様々な偶然の一致に依存する」が，主要な経路は以下のようなものである。

最初は，内的な表象イメージを構築する目的のためだけに，思考の抽象化のみで活動し，私たちの課題に心を留める。このようにして進むと，それまでのところ，経験にもとづいた事実を考慮せずに、ただ私たちの表象イメージをできるだけ明確に発達させ、それらから全て可能な結果を引き出す努力をする。その後、イメージの全体的な説明が完成して初めて、それが経験にもとづいた事実と一致するかどうかを私たちは確認するのである（Watson, 1960：249）。

ポパーもまた、「帰納的論理の考え方で活動するすべての試みに直接反対する立場を取る（Popper, 1961：30）」ことによって、経験的一般化の理論への体系的な関わりを否定する。彼は、実際に、理論を生み出す論理は存在しないと論じる。

これについての私の見解では、それが価値あるものとすれば、新しい考えを得る論理的方法、あるいはこの過程の再構築のようなものは存在しない。私の見解は、あらゆる発見は「不合理な要素」、あるいは、ベルグソンの意味で「創造的な直感」を含むと言うことによって表現されるだろう。同様に、アインシュタインは、「高度に普遍的な法則の探求」について話し、「……その法則から純粋な演繹によって世界のイメージが得られる」、「これらの……法則に至る論理的な経路はなく、経験の対象に対する知的な共感（「Einfuhlung」）にもとづく直感のみによってそれらに到達できる（Einstein, 1961：32）」と述べる。

しかしながら、ポパーの見解では、理論を生み出す論理の不在は問題ではない。重要なのは、理論を検証する論理であり、それは、科学的過程の批判の重要性と、「問題に対する解決策を提案しようとする時はいつでも、解決策を弁護するのではなくむしろそれをできるだけ熱心に捨てようとすべきである（Popper, 1961：16）」という強制命令によって必然的に生じる。

明らかに、ポパーの主要な議論は、いかに特定の理論が確証されるかにおいて帰納的論理が果たす役割を頑強に否定し、いかに特定の理論が生み出されるかにおける──帰納的であろうとなかろうと──いかなる論理の役割も否定する。それにもかかわらず、ポパーは、科学の歴史的進化における「準帰納的」過程についてはその余地を認めている。この過程について彼は次のように述べる。(3)

ある水準の一般性をもつ理論が提案され、そして、演繹的に検証される。その後で、高次の水準の理論が提案され、今度は、その前の水準の普遍性をもつ理論のおかげで検証される。検証の方法は、高次の水準から低次の水準への演繹的な推論に常にもとづく。一方、普遍性の水準は、時間の順に、低次から高次の水準へ進むことによって達せられる（Popper, 1961：276-277）。

理論化が論理的側面において十分に発達した後のみにおいて、理論化を経験的一般化に対応する過程として特徴づけるワトソンとポパーとは著しく異なり、マートンは次のように論じる。

> 経験的調査が理論を確証し検証するという受動的な役割を超えるというのが私の中心的な主張である。それは、仮説を支持する、あるいは、反証する以上のことをする。調査は積極的な役割を担う。すなわち、それは、理論の発展を形成する助けとなる、少なくとも四つの主要な機能を遂行する。調査は、理論を開始させ、再定式化し、方向を変え、明確にする（Merton, 1957：103）。

クーンの立場は、彼が理論化への刺激を、予想されなかった経験的一般化[4]によって引き起こされる「変則性」と「危機」にほとんどすべて位置付けるので、マートンの立場と類似するものである。しかしながら、（上記の）科学における準帰納へのポパーの言及は、彼の見解を穏やかなものにして、クーンの方向に近づくのと同様に、クーンが「個人がどのようにして今まで収集されたデータすべてに新しい秩序を与える新しい方法を発明する（あるいは、発明したと気付く）のかということは、不可解なままでなければならないし、恐らく、永遠にそうだろう（Kuhn, 1964：89）」と確認することは、ポパーの方向に近づくことである。クーンは次のように論じる。

発見は、変則性の意識、つまり、自然が通常科学を支配するパラダイムによって誘導される期待をどういうわけか裏切ったという認識から始まる。その次に、それは、変則性の領域を多少延長して探索することで継続する。そして、変則的なものが期待されたものになるようにパラダイム理論が調整された時だけそれが終わる。新しい種類の事実を取り入れることは、理論の付加的な調整以上を必要とし、その調整が完了するまでは――科学者が自然を異なる方法で見ることを学ぶまでは――、新しい事実はまだ科学的事実ではない（Kuhn, 1964：52-53）。

しかしながら、ネーゲルは、その対比は現実的であるよりは見かけのものであると信じる。

著名な科学者は、理論は「心の自由な創造物」であると繰り返して主張してきた。そのような主張は、理論が観察された材料によって示唆されない、あるいは、言うまでもなく、理論が観察上の証拠からの支持を必要としないということを意味しない。そのような申し立てが正当に主張するのは、理論の基本的な用語が限定された実験上の手続きによって固定された意味を持つ必要がなく、理論の証拠は必然的に間接的であるという事実にも関わらず、理論は十分で有意義なものであるということである（Nagel, 1961：86）。

従って、要するに、理論は、経験的一般化における用語と関係をより抽象的にすることによって、そしてまた、観察不可能な構成概念（constructs）に言及する他の抽象的な用語を導入することによって生じると見なせるだろう。両方の手続きは概念形成と呼ばれる。第一章で述べられたように、高い自殺率はカトリック教会よりもプロテスタント教会への所属と関係があるという経験的一般化は、逸脱行動の出現率は利己主義の程度によって引き起こされるという言明において、より十分に理論的なものになる。この場合には、「自殺率」は、「逸脱行動の出現率」という用語において、より抽象的にされる。「プロテスタント—カトリック教会への所属」は、「利己主義」という用語において、より抽象的にされる。また、「関係がある」は、「引き起こされる」という構成概念によって取って代わられる。

この例が示すように、理論的概念は様々な種類の事物に名前を付けることによって形成される。ヘンペルは、そうするための三つの異なる手続きを次のように要約する（Hempel, 1952 ; 1965）。第一は、概念の名前を付けることが、それぞれの名前や用語に含まれる観察可能なもの（observables）の全てであり、観察可能なもののみに該当する場合である。この概念形成の手続きは、ブリッジマン（Bridgman）が提唱する操作主義（operationalism）の典型である。それは、概念を観察可能なものだけに閉じた関係を含むので、概念はそれぞれ限定がなされ、特定化されたセットの観察可能なもの（そして、操作主義の見解では、これらの観察を生み出すのに必要な限定され、特定化されたセットの特有の操作）だけに言及するのである。その概念、あるいは、それに対応する観察可能なもののセットのどちらかが変更されると、他のものも変更されねばならない。ゆえに、極端な例としては、「知能」が個人の特定のテストの特定の得点の達成として定義されれば、その個人による類似するが同一ではない他のテストの得点には、新しい概念の名前を付けなければならないだろう。

第二は、概念の名前を付けることが、それぞれの名前や用語に含まれる観察可能なもの（observables）のいくつかであり、観察可能なもののみに該当する場合である。この手続きは、概念が不確定であり、部分的にのみ特定化された観察可能なもののセットである限り、「還元文（reduction sentences）」の使用を含み、概念と観察可能なものとの開かれた関係を含む。言いかえれば、還元文による概念形成は、概念に将来加えられるかもしれない他の指示対象に対してその概念を閉じることなく、概念の観察上の指示対象を暫定的に特定化することを可能にするのである。新しい観察上の指示対象を特定の概念に加える基準は、これらの新しい指示対象と最初の還元文で名前が付けられた指示対象との経験的な相関関係であるように思われるので、ヘンペルは、「還元文のセットは概念形成と理論形成の機能を独特なやり方で組み合わせる（Hempel, 1952：28）」と指摘する。ヘンペルの言葉によれば、

> 単一の還元文は、それが導入する用語（つまり、概念）の使用のための表記法を作成するように単に見えるかもしれないが、これは、同じ用語に関する二つ以上の還元文のセットでは、もはや可能ではない。それは、そのようなセットが、一般に、経験的法則の特徴を有するいくつかの言明を意味するからである。そのようなセットは、当該の法則を支持する証拠がなければ、科学では使用できない（Hempel, 1952：28）。

従って、異なるテストの諸得点を「知能」の観察上の指示対象として正当に加えることができるのは、それらが最初のテストの得点との相関が高いという（おそらく因子分析のようなものが提供する）証拠がある場合だけであろう。さらにそのような相互に相関した指示対象が加えられると、「知能」という概念はますます理論――すなわち、相互に関係した経験的命題（empirical proposition）――に似てくるだろう。最後に、ヘンペルによれば、概念に名前を付けることは、観察可能なものと観察可能ではないもの（nonobservable）の両方（例えば、「磁力」、あるいは「カ

リスマ」のような性質、あるいは、「温度、圧力、体積」あるいは「階級、地位、権力」のような計量的用語）についてであり、上記の二つの概念形成の手続きのように一度に一つずつではなく、理論的に関係するセットとして行うのである(5)。

> この種（後者）の用語は、観察可能なものにもとづいた定義、あるいは還元連鎖によって導入されるのではない。実際に、それらの用語は、それらの個々に意味が割り当てられる段階的過程によって導入されるのではない。むしろ、理論において使われる複数の構成概念（construct）と一緒に導入されるのである。それは、言ってみれば、それらに関して公式化された理論的システムを構築し、このシステムに存在的な解釈を与え、今度は、理論的な構成概念に経験的な意味を与えることによって行われるのである（Hempel, 1952 : 32)。

必要とされる、適切な観察可能なものと観察可能でないものがいったん概念化されると、命題は、「もし概念Xならば、概念Yである」、あるいは「Xが大きくなると、Yも大きくなる」という形式にそれらを当てはめることによって形成される。そのような理論的命題の二つの対照的な特徴は、その高度なレベルの抽象性の結果として生じる。命題が生み出された経験的一般化において主張される関係の範囲は増加する。しかし、同時に、経験的なあいまいさも増加するのである。言いかえれば、最初に観察された関係は、暫定的に、理論的命題が帰納された一般化において言及されるよりも多くの現象に適用され、従って、その中に含まれている情報の範囲を広げる機会を提供するのである。[6]しかしながら、同じ理由で、理論的命題が実際に適用されるさらなる精密な観察と経験的一般化（故に、精密な方法論）は、最初の経験的一般化の場合よりもずっと明確でない。このため、理論的命題が適用されると想定される新しい経験的な観察（「指標」）は、理論の真偽と範囲を検証する際に極めて重要なステップである。

高められた抽象性に加えて、経験的一般化から理論への変換は、前者において普通は明示的である誤差条件（error terms）が省略されるか、あるいは、後者における暗黙の地位に委ねられる限りにおいて、高められた理念化（idealization）を含む。そのような条件は、測定誤差や研究されている変数への外部要因の影響を示すだろうし、[7]それらがなければ、理論的命題は、典型的には、普遍的で明確な性格を持つようになる。この理念化は二つの相反する結果を持つように見える。

一方では、理論は変化に対して頑強な抵抗を獲得する。経験的知見が理論的命題に組み入れられる前に、通常は、誤差条件が省略されるので、特に、これらの予測が一般的な方向で生み出される限りにおいて、理論は予測の誤差における増加を直ちに反映しないだろう。

しかし、他方では、理論が変化にいかに頑強に抵抗しようとも、また同時に、理論は変化を誘導する外部要因との接触を奨励するのである。理論に対して普遍性と非多義性（equivocality）が求められるので、それらは新しい文脈や新しい技術に適用可能であると想定される。まさに、そのような新しい適用において、新しい外部変数と新しい測定誤差が出会い、その結果、経験的発見、および理論に変化をもたらすことができる技術的な発明のための新しい機会が生じるのである。

命題配列と理論

抽象と理念化というこれらの性質を持つ命題が論理的な演繹システム、あるいは、因果的連鎖（concatenation）に配列されると（第六章で考察される）、結果として生じる構造が「理論」と呼ばれる。この構造から二つの結果が生じる。①理論は、知られている経験的一般化を説明できる。そして、②理論は、まだ知られていない経験的一般化を予測できる。言いかえれば、知られている経験的一般化の概念的変換によって生み出された命題のセットが明記できる形式――特に演繹形式――で配列される時に、最初の経験的一般化が説明できるだけでなく、新しく、検証されて

いない経験的一般化が予測できる、あるいは仮定できるのである。(8)

そのようなものが一般的な科学的過程内部の理論の基本的機能である。これらの機能のおかげで、理論は、その発達史における二つの時点で、特定の経験的調査と直接的に関連する。理論は、経験的調査を行う前に、測定すべき要因を特定する。そして、調査がなされた後で、理論は、検証、比較、そして論理的統合という目的のために、多くの調査の知見（つまり、経験的一般化）を解釈する共通言語としての役割を果たす。これらは、マートンとホマンズ各々が考える理論の二つの密接に関係する機能であるように思われる。マートンは、調査前の機能を強調する。「概念（理論において相互に関係する諸要素）は何が観察されるべきなのかについての定義（あるいは、処方）を構成する。それらは、変数であり、それらの間の経験的な関係が探索されるのである（Merton, 1957：89）」。ホマンズは、ウィラード・ギブズの言明を引用することによって、調査後の機能を強調する。「実験結果が表現される形式を与えるのが理論的研究の機能である（Homans, 1950：441）」。ゼターバーグもこれらの二つの機能に注目する。「理論は、検証のために、最も戦略的、あるいは、操作できる命題を見つけるために用いることができる（Zetterberg, 1963：77）」。そして、「理論は、実際の、あるいは、予想された調査結果の最も簡潔な要約を提供するために使うことができる（Zetterberg, 1963：75）」。(9) このように、理論は、科学がすでに体系化した情報を要約することによって、そして、さらに多くを体系化する努力を導くことによって、科学の過去だけでなく未来と向き合うのである。ヘンペルは以下の要約イメージを提供する。

従って、科学的理論は、複雑な空間ネットワークのようなものである。その用語は、結び目によって表現され、結び目を繋げる糸は、部分的には、定義、そして、理論に含まれる、基本的に派生的な仮説に相当する。全体のシステムは、いわば、観察の平面の上に浮かび、解釈の規則によってそれに固定される。これらは、ネットワークの一部ではないが、特定の点を観察の平面における特定な場所に連結する糸としてみなされるだろう。これらの解釈の連結のおかげで、そのネットワークは、科学的理論として機能することができる。特定の観察データから、私たちは、解釈の糸を経由して、理論的ネットワークのいくつかの点に登り、定義と仮説を経由して、そこから他の点に進むことができるだろう。そして、そこから別の解釈の糸が観察の平面に降りることを可能にする（Hempel, 1952：36）。

注

（1）これは、マートンの区別のもう一つの例に類似しており、それは、予期せず発見した

(serendipitous) 知見と予期せず発見したわけではない知見との間の区別である。予期せず発見した知見は、使用できる理論によって予測されない知見である。それに対して、経験的一般化は、使用できる理論によって説明されない知見である(Merton, 1957:103-108を参照)。明らかに、予期せず発見した知見と経験的一般化は不十分な理論を改訂するか、あるいは棄却して、新しい理論を構築するように、科学者に対して挑戦するのである。クーンは、科学「革命」を始める際にそのような挑戦(「危機」)が果たす役割について考察する(Kuhn, 1964)。また、「不可解なデータ」を「希ではないが、重要な理論的発展への出発点を提供する(Kaplan, 1964:134)」データとして論じたカプランも参照。

(2) ここで論じられた経験的一般化以外の経験的一般化の役割については、カプラン(Kaplan, 1964:85-94)を参照。様々な種類の経験的一般化についてもカプラン(Kaplan, 1964:94-115)を参照。「自然の法則(the laws of nature)の性質」に関する実念論者、唯名論者、概念論者の見解については、ワトフスキー(Wartofsky, 1968:252-258)を参照。

(3) 「私は、私たちが一つだけの言明から理論の真理について論じることができるとは決して想定しない。確証された結論の力によって、理論が『真である』、あるいは、単に確からしいと、立証できるとは決して想定しない(Popper, 1961, 33)」。

(4) 変則的で、予測されない、経験的一般化に関する別の議論については、マートン(Merton, 1957:103-108)を参照。実際に、マートンは、機能構造主義(行為と反応の正確な予測が社会現象の不可欠な説明であるという理論的見地)に属すると特定されるが、彼は研究を通じて様々な種類の予測されない現象に特別な注意を払っている。調査における予期せぬ発見（serendipity）についての彼の有名な議論は、一つの例にすぎない。もう一つの議論は、顕在的機能と潜在的機能の区別、そして、三つ目の例は、より間接的ではあるが、彼の逸脱行動のタイポロジーである。

（5）ウィルソンとデュモンは、この手続きを「翻訳ルール」を利用するものと言及する（Wilson and Dumont, 1968）。また、ウィルソンとデュモン（Wilson and Dumont, 1967）も参照。

（6）マートンは、経験的調査に対して、五つの「理論の機能」について言及する。第一は、「最初の経験的な調査結果の範囲が（理論によって）かなり広げられ、いくつかの全く異なるように見える斉一性が相互に関係することがわかる……」。第二も経験的一般化を理論に変換することの結果を特定する。「相互に関係する命題のセットから斉一性を導出することによって斉一性の理論的な適切さをいったん確立すると、私たちは理論と調査結果の両方の集積を提供する……」。しかしながら、第三、第四、そして第五は、上記の図1－1に示されている次の変換、すなわち、理論を仮説に変換することの諸結果を特定する。「三、経験的斉一性を理論的言明に変換することとは……含意の継続的な探索を通じて調査の有益さを増加させる。四、理論は、以前に観察された傾向から単に経験的に推定するよりも確実である理論的解釈を提供することにより、予測のための根拠を導入する。五、もし理論が生産的であるなら、それは、確定できるのに十分なほどに精密であらねばならないし、精密さは『決定的な』観察、あるいは、実験に近づける確率を促進する（Merton, 1957：97-99）」。

（7）「外部変数」あるいは「特定の脈略の外部に存在する随伴性」に関する考察は、ブラロック（Blalock and Blalock, 1968：48 ff）とボーム（Bohm, 1961：20-25, 141-143, 158）を参照。

（8）ブレイスウェイトは、「仮説—演繹法」をそれ自体は帰納的に確立された高次の仮説から当該の仮説を演繹する方法と定義する（Braithwaite, 1960：261）。そして、ネーゲルは、「すでに確立された実験（experimental）法則の説明は、理論が遂行すると期待される（一つの）機能である。理論が遂行する、実験法則とは別のもう一つの役割は、新しい実験法則への示唆を提供することである（Nagel, 1961：89-90）」と述べる。デュービンは「説明」より「理解」を好むが、グリア（Greer, 1969：123）とデュービン（Dubin, 1969：10-25, 103）を参照。後者の二つの言葉については、カプラン（Kaplan, 1964：335）を参照。

（9）また、カプラン（Kaplan, 1964：302）も参照。これらは、ゼターバーグによる理論化の第一と第三の「意義」である。彼の第二（「理論は、調査を調整し……」）と第四（「理論は、偽の命題を検証するための一定の領域を規定する」）の意義は、第一の意義を精緻化したものであるように思われる。

第4章　理　論
——論理的演繹・仮説・解釈・道具化・尺度化・サンプリング

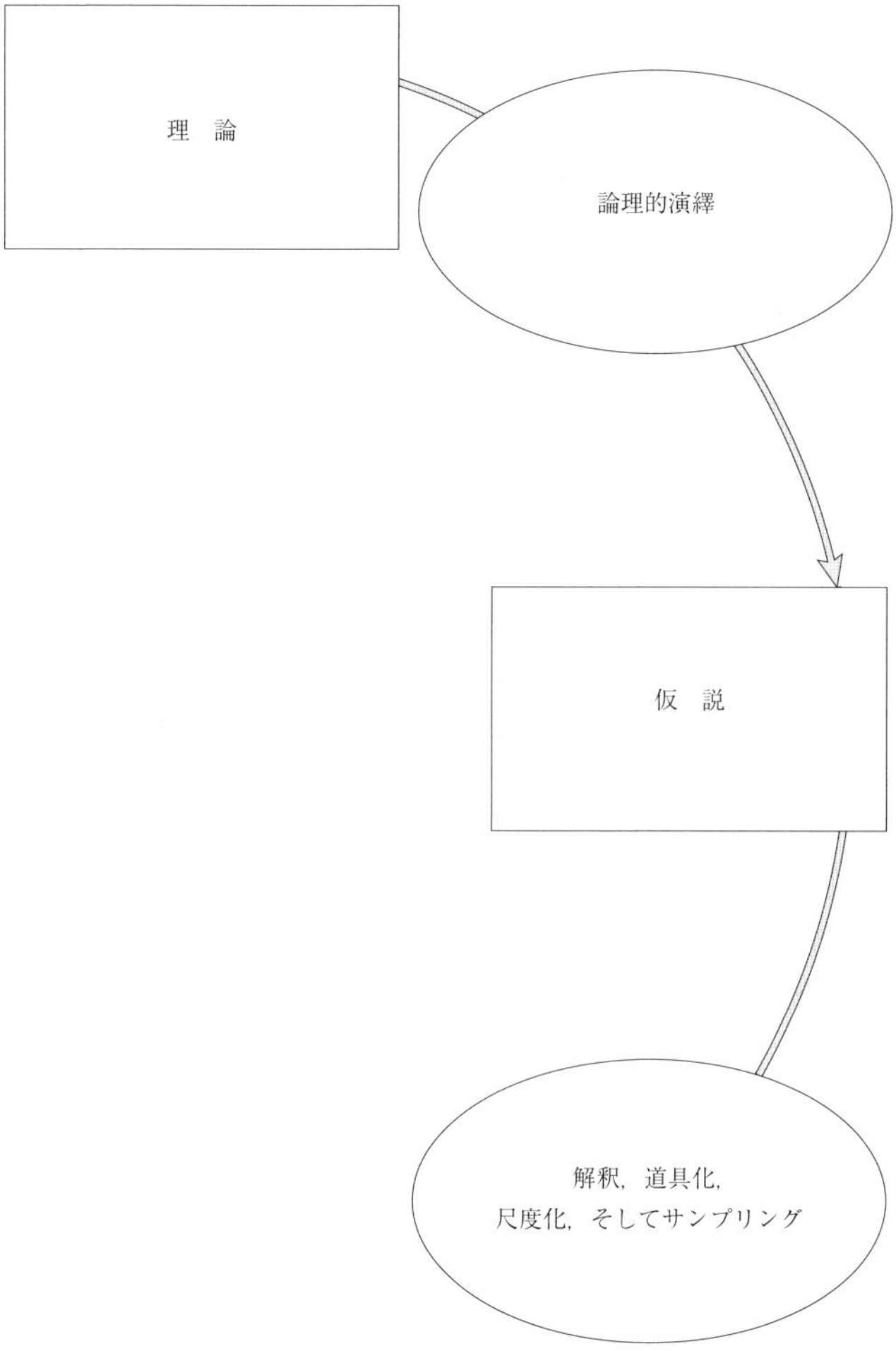
理 論
論理的演繹
仮 説
解釈，道具化，
尺度化，そしてサンプリング

図1－2は、科学的過程のこの段階において、観察からの理論構築は終わり、観察への理論の適用が始まることを示す。しかしながら、理論は、特定の観察に対して、すべて同じように適用できるわけではない。特定の理論が実際の観察および可能な観察に対して有用なシンボルによる表象を提供する（この意味で、観察に適用できる）程度は、少なくとも三種類の比較テストに依存するように思われる。第一に、内部の比較を行い、理論が内的に一貫しており、同語反復的でないかどうかを検証するために、理論のいくつかの部分を他の部分と比較する。第二に、特定の理論を他の理論と比較し、他のすべての条件が同じなら、概念の範囲が広く、概念の抽象度が高く、より簡潔であり、あるいは、言語的な決定性（determinacy）、普遍性、柔軟性、抽象性を持てば、他の理論よりも情報的に優れた理論であろう（第六章を参照）。第三に、理論の真偽を検証するために、理論の予測、あるいは低次の仮説を適切な経験的一般化と比較することによって、特定の理論を経験的事実と比較する。

図1－1の「仮説」（すなわち、部分的には、それ自体が帰納の産物である理論の産物として）の位置は、「予測」を「帰納的前提からの演繹的推論の一形式」と定義するファイグル（Feigl, 1953：418）のような意見を反映するように意図されている。この議論では、「予測」を「仮説」と同義

に用いる点に留意されたい。しかしながら、意図されているのは、知られている経験的一般化と法則から単に外挿的（extrapolative、訳者注　未知のことを既知の資料から推測する）、あるいは、内挿的（intrapolavie、訳者注　知られた関数値から、それらの中間の関数値を近似的に求める）な予測というよりも、明示的な演繹的予測であると理解されるべきである。[1] この意図された意味を前提とすると、「仮説」は社会学における現在の使用法と一致するものである。「予測」は、ほとんど常に、まだ起こっていない観察可能な出来事に言及するが、「仮説」は、過去、現在、あるいは未来の出来事について、まだなされていない観察に言及するのである。ここでは両方の言葉によって意図されるのは後者の意味（reference）である。[2]

論理的演繹と仮説

理論の形式的な効用を評価するのは、比較的容易な課題である。基本的には、図書館、紙、鉛筆、そして論理規則を使って作業する。しかし、理論の実質的な真偽を評価するのは、必要となる手続きの多様性と複雑性によってずっと難しい。図１－１が示すように、最初のステップは、理論から仮説を演繹することである。理論の真偽を検証することに対する、低次の仮説の非常な重要性は、ブレイスウェイトによって表現されている。

科学的システムのすべての最高次の仮説を集めて、それらの仮説を信じる根拠は、それらから演繹された最低次の仮説が経験によって確証されるという事実以上のものでも以下のものでもない（Braithwaite, 1960：352）。

ポパーの言葉では以下のように表現される。

特定の言明――私たちが「予測」と呼ぶもの――は、理論から演繹され、特に検証可能、あるいは適用可能な予測である。……次に、私たちは、これらの（そして、他の）導出された言明について決定を行うために、それらを実際の適用と実験の結果と比較する。もしこの決定が肯定的なものであれば、すなわち、その特定の結論が結果として受け入れられる、あるいは、確証される（verified）ものであれば、理論は、差し当たり、テストを合格したことになり、その理論を棄却する理由はない。もしその決定が否定的なものであれば、言いかえれば、その結論が反証されたのであれば、それらの反証（falsification）は、またそれらが演繹された理論を反証することになる（Popper, 1961：33）。

従って、以下のことを主張する理論から、

①成員あたりの仲間の数の増加は、分業の増加を生み出すだろう。
②分業の増加は、連帯の増加を生み出すだろう。
③連帯の増加は、合意の増加を生み出すだろう。
④連帯の増加は、逸脱者の排除の数の減少を生み出すだろう。

以下のことを演繹できるだろう。

⑤成員あたりの仲間の数の増加は、逸脱者の排除の数の減少を生み出すだろう。そして、
⑥合意の増加は、逸脱者の排除の数を減少させるだろう。(3)

特定の理論が他の比較可能な理論に劣らず内的に一貫し、同語反復でなく、そして、それらに情報上劣らない、と想定すると、理念的には、その演繹された仮説が該当する経験的一般化と一致する程度がその科学的支持を決定するだろう。

しかしながら、ネーゲルが指摘するように、理論的に演繹された予測あるいは仮説は、直接的かつ一義的に観察に導かれるわけではない。

理論が説明と予測の手段として用いられるのならば、それは、何らかの形で、観察可能な材料と関連付けられねばならない。そのようなつながりの必要不可欠性は最近の研究において繰り返し強調され、それらについては、等位定義（coordinating definition）、操作的定義、意味論的規則、等位規則（coordinating rule）、認識的相関（epistemic correlation）、そして、解釈の規則などの様々なラベルが作られてきた（Nagel, 1961：930）。

要するに、理論の仮説的予測（そして、推論の結果として、理論自体）が検証できる前に、理論に含まれる抽象的概念のいくつかに対して観察可能な指標が見つからなければならない。[4] ゼターバーグは社会学からの例を示す。

私たちは、「社会の分業が多ければ、同じ社会における逸脱者の排除が少ないだろう」という仮説の確証に関心があると仮定しよう。その確証のためには、まず、仮説の名目的定義（nominal definition）を調査に使えるような用語に解釈する必要がある。例えば、分業を表す職業の数を選択するだろう。そして、社会の規範からの逸脱者の排除の程度を表す死刑、国外追放、そして、（罰金ではなく）長期刑を要求する法律の割合を選択するだろう。名目的定義のこれらの解釈は、操作的定義（作業定義）（operational definition）と呼ばれる。測定、あるいは数値化に言及する定義を操作的と呼ぶ（Zetterberg, 1954：29-30）(5)。

一般に、理論的仮説を解釈する（従って、その仮説を経験的に検証可能な形式に言い換える）過程は、前述した「概念形成」の手続きの逆をたどることである。故に、概念形成のように、観察可能なものと理論的構成概念に名前を付ける代わりに、これらの仮説に含まれる概念が言及する観察可能なものと測定基準を特定することによって、仮説を解釈するのである。

仮説の問題を議論する際に、ブラロックは、（私たちが思考する「理論的言語」という存在である）「主要な、あるいは、一般的」理論と、（分類、あるいは測定のための明示的な教示を含む操作的言語という存在である）「補助的（auxiliary）」理論の間の距離は論理だけで埋めることはできない。「代わりに、各言語に一つの概念として表される、二つの概念の間の一致は、共通の同意、あるいは、先験的な（*a priori*）前提によって確立されなければならない（Blalock and Blalock, 1968：23-24、また、Blalock and Blalock, 1969：151-154も参照）」と強調する。理論的命題が解釈される過程に内在する性質、すなわち、論理的あるいは経験的であるよりもむしろこの避けられない慣習的な性質のために、ブラロックは、「演繹的に公式化された理論もその理論の命題も直接的に検証できるものではない（Blalock and Blalock, 1968：11）」と論じる。従って、特定の「補助的」理論が特定の「主要な」理論の正当な解釈として受容されるようになるのは、科学者の間の共通の同意（その同意はお馴染みのすべての社会学的影響を受けねばならない）によってのみである。

しかしながら、特定の調査においていったん解釈が提出されると、結果として得られる「検証」仮説（あるいは、「補助的理論」）が準備され、測定尺度やサンプリング手続きがそれに適用されねばならない。分業と逸脱者の排除に関するゼターバーグの例を用いると、これは、研究者が「職業の数」、そして、例えば、「死刑、国外追放、長期刑を要求する法律の割合」について観察を行う決定をすることを意味し、面接法、郵送法、有能な判定者として指定された人（例えば、国勢調査の専門家と法制度の専門家）の公表文献を読むこと、社会的行為者がフィールドで彼らの役割を遂行するのを直接観察すること、実験的状況を設定し、被験者が反応する職業や法律を厳密に統制すること、シミュレーションを考案し、職業と法律がコンピュータへの電気的なインプットとして表されること、[6]あるいは、他の方法によって観察を行う。各々の方法は、独特のセットの観察道具、尺度、そしてサンプリング技術を含む。これらの各々について簡潔に考えてみよう。

道具化

観察を行うための道具は、①熟練以外の技術によって補強されていない人間の感覚器官と②技術的に補強された感覚器官という二つの一般的な種類に分割できる。例示すると、「参加観察」と呼ばれる技術は、主に、第一の種類の道具（すなわち、資料を集める、メモを取る、写真、テープ録音などによって最小限は補強されるが、裸眼で十分に訓練を積んだ訓練された目、耳、鼻など）に依存するものである。一方、「ソーシャル・サーベイ」と呼ばれる技術においては、基本的な観察が紙と鉛筆による調査票、あるいは、面接のための質問紙に依存する限り、直接的知覚の技術的補強が主要なものとなる。

観察者の感覚にとって直接的に把握できない現象（例えば、重力や電磁場、価値、態度）を数多く観察し、すべての観察の正確さを増加させようとすれば、感覚の技術的な補強は、すべての科学における一般的傾向であるように思われる。この付加的な範囲と正確さに対して支払われる代償は、主に、技術的に補強された観察の避けられない間接性によって生じる付加的な観察上の誤差に存在する。例えば、光は、天文学者の目に到達する前に製造されたレンズを通る（通常は感光板に伝えるなど）。回答者の年齢、職業、あるいは態度は、本人自身、あるいは、面接者の時折抑制的な（あるいは、単に誤解した）意識、読みにくい文書、理解しにくいテープ録音を通して、サーベイ分析者の目と耳に到達する。従って、肉眼よりも望遠鏡を使って、「より遠く」を見ることができるし、回答者を直接観察するよりも調査票から迅速にもっと多くの情報を収集できるが、望遠鏡や調査票によって映し出されるイメージは、補強されない観察によって作られたものよりも、もっと歪められている（そして、確実に、それとは違って歪められている）だろう。

尺度化

観察のための道具が技術的に補強されているか否かにかかわらず、それらは、すべて（光、音、言語的、非言語的身振りのような）信号を受け取るための機構、そして、信号あるいはその象徴（例えば、文字盤の針、四角の中の「X」）が測定の目的のために比較できる尺度、それらの両方で構成される。先に指摘したように、「尺度」は、観察を「測定する」ことにより、具体的な観察に体系的に付けられた抽象的なシンボルのセットである。尺度を構成するシンボルの範囲は無限である。二つ以上の色の名称は尺度である。占星術の星座も尺度である。「はい―いいえ」も尺度である。ネーゲルが指摘するように、「物事の数値的評価は、群を抜いて優れているものであるが、特定の選択された特性について評価する方法の一つにすぎない[7]（Nagel, 1960：122）」。「『これは、紛失していた本だ』、『彼は睡眠を十分にとった』あるいは、『そのケーキは甘すぎる』

は、数字については明確に言及しない判断である。この大きな観点からは、測定は、物事に関する私たちの考えについての限界の設定と固定であるので、人間とは何か、あるいは、円とは何かについて決定することは測定の一つの事例である（Nagel, 1962：121）」。

さらに一般的に、ワトフスキーは、以下のように指摘する。

> いったん概念形成と言語が物事そして同一であるものと異なるものに関する考えに達するならば、言葉で表現された内容（discourse）は、すでに種類（*class*）という観念を秩序化する概念として示すものである……ここでは、測定はすでに確認（identification）、比較、そして分類を起源とする……これらの基本的概念の改良は、人間が達成した最も偉大なものの一つであり、多くの場合、技術変革と社会変化のための手段を提供する（Wartofsky, 1968：153, 154）。

四つの一般的なタイプの尺度は、スティーブンスによって記述され（Stevens, 1946）、以下のように要約できる。[8] スティーブンスは、その記述を「そして、私たちが対象の諸側面について対処できること、そして数詞（numeral）の連続の属性との間に同形（isomorphism）が存在するという理由から、尺度は、そもそも、可能である（Stevens, 1946：142）」という主張にもとづかせるのである。従って、「私たちが対象の諸側面について対処できること」が使用できる尺度のタイプを制限するということになる。故に、私たちが対象の関連する側面が同一であるか異なるか（同―不同）しか決定できなければ、唯一の正当なタイプの尺度は「名目的」である。そのような尺度についての正当な操作（スティーブンスの用語では、「許容できる統計」）は、今度は、事例数、最頻値、そして、分割表による統計値を計算することに限定される。社会学的研究では、名目尺度は、例えば、回答者の人種、性別、政治的選好、そして、ベールズの相互作用過程カテゴリー（Bales, 1950）で言及されるような集団の諸側面についての符号によって表される。

さて、同―不同に加えて、対象の諸側面の間の多―少を決定することができれば、適切なタイプの尺度は、「順位的」である。ここでは、許容できる統計は、名目的尺度のための統計のすべてに中央値とパーセンタイル値を加えたものを含む。順位尺度は、例えば、社会階層（階層間で決定できる差異が「上層」「中間層」「下層」タイプである場合）と態度（決定できる差異が「賛成―反対」タイプである場合）によって表される。

さらに、多―少に加えて、対象の諸側面の間の差異、あるいは、間隔における同―不同を決定できるならば、適切なタイプの尺度は「間隔的」である。そのような尺度に許容できる統計は、前述の統計のすべてに標準偏差、順位相関、積率相関を含む。間隔尺度は、社会階層（諸側面の間の決定できる差異がダンカン（Duncan, 1961）において記述されるタイプの場合）、態度（ガットマン尺度（Guttman, 1950）において示されるような操作の場合）、そして、集団所得の平均のような多くの集合的測度に示される。

最後に、先の決定の全てに加えて、また、私たちは、対象の諸側面の比率において同一不同を決定することができるならば、適切なタイプの尺度は、「比率（比例）」である。比率尺度について、スティーブンスは、以下のように述べる。

いったんそのような尺度が作成されると、その数値は、各値を定数で掛け合わすことによって（例えば、インチからフィートに）変えられる。たとえ特定の尺度におけるゼロの値（例えば、絶対温度）が決して作り出せないにしても、絶対的なゼロが常に意味されている。比率尺度にはすべてのタイプの統計的測度が適用可能であり、デシベル数の使用に関係するような対数変換を正確に行うことができる。

比率尺度の中で第一に挙げられるのは、数字自体の尺度——基数、すなわち、私たちが卵、ペニー、そして林檎を数えるときに使う尺度——である。多数（numerocity）の集合についてのこの尺度は、非常に基本的で誰でも知っているものなので、測定の議論において通常は述べられることさえない（Stevens, 1946 : 147）。

このように、比率尺度は、人口数、出生数、死亡数、年収、年齢のような社会学的に関連する諸側面を測定する際に用いられる。

これらの四つの一般的タイプの尺度によって提供される範囲内で、観察を経験的一般化に変換するための多くの体系的で、様式化され、ほぼ普遍的な技術が存在する。既に存在する尺度を選択するか、あるいは、新しいものを構成するかが可能であるが、科学者の訓練の大部分は、両方を行うための手続きを強調する。(9)

サンプリング

最後に、抽象的概念の観察可能な指標を特定（解釈）し、これらの指標を観察するための適切な道具を作成あるいは選択し、それら観察を測定するための尺度を構成あるいは選択するのに加えて、調査者は、観察がなされるための観察可能なもの（観測量）のサンプルに関して特定の決定をしなければならない。(10) すなわち、調査者は、自分が予測した経験的一般化を適用したい母集団を定義しなければならない（例えば、社会の分業を研究する場合に、当該の「社会」が米国、あるいはハイチ社会なのか、十八世紀、あるいは二十世紀の社会なのか、という問いである)。その次に、調査者は、その社会の観察可能な職業と法律の代表的なサンプル、あるいは、目的サンプル(purposive sample)のどちらの観察を行うのかを決めねばならない。そして、このサンプルをどのようにして抽出するのかを決めねばならない。

上記から、解釈、道具化、尺度化、そしてサンプリングに対する方法論上の統制は、観察だけではなく、科学的過程における次の方法論上のステップ(測定、サンプルの要約化、母数の推定)と次の情報構成要素(経験的一般化)も志向するのである。従って、熟練した調査者は、自分の解釈、道具化、そして尺度化の手続きを通じて、自分の測定の手続きを予測し、準備する。同様に、自分のサンプリングの手続きを通じて、サンプルの要約化と母数の推定の手続きを予測し、準備する。良い調査デザインが意味するのは、そのような予測と準備である。

注

(1) 社会学における予測的研究についての短い議論は、ラザースフェルトとローゼンバーグ(Lazarsfeld and Rosenberg, 1955 : 204-205)を参照。経験的一般化から観察を予測する議論は、ネーゲル(Nagel, 1961 : 63)とデュービン(Dubin, 1969 : 14-18)を参照。

（2）前者の将来の出来事への「予測」の意味に関しては、ファイグルは次の点を加える。「社会科学の『予測』が自然科学の『予測』と異なる注目すべき一つの特徴は、これらの予測がいったん漏らされると、まさにそれらの存在自体、つまり、認識されている予測自体が最初の予測を混乱させるかもしれないという有名な事実である（Feigl, 1953：418）」。この特徴についての古典的な議論は、マートンの「予言の自己成就」を参照（Merton, 1957：421-436）。ボームは、この考えを生命一般に拡張して、「生命の基本的特性は、その存在に必要なまさにその過程がそれを変化させることである」と述べる（Bohm, 1961：152）。

（3）これらの演繹は、コスナーとレイクによって提案される最低必要条件が満たされることを想定し、その最低条件には、「閉鎖システム」の想定、すなわち、公準において、言明されるか意味される変数以外には、公準における変数間には（因果的あるいは「擬似的」）「つながり」が存在しないという想定を含んでいる（Costner and Leik, 1964：831）。さらに、変数のどれも他の変数への効果を制限する「臨界値」あるいは「閾値」を持たないことが想定される。

（4）ヘンペルの見解は、「適切な経験的解釈は、理論的システムを検証可能な理論に変化させる。構成要素である用語が解釈された仮説は、観察可能な現象を参照することにより、検証可能になる（Hempel, 1952：35）」。

（5）また、ゼターバーグは、「理論的仮説を解釈する一つの結果は、『作業仮説（working hypothesis）』である。これは、経験的な検証を行う仮説である（Zetterberg, 1954：31）」と指摘する。この時点において、妥当性と信頼性の問題が表面化する。「もし操作的定義が完全な妥当性と信頼性を有するのなら、その時初めて、その作業仮説は最初の仮説と一致する（Zetterberg, 1954：31）」。これらの問題に関する彼の詳述については（Zetterberg, 1954：42–52）を参照。また、デュービンは、解釈された理論的命題を単に「仮説」と呼ぶ（Dubin, 1969：212–215）。また、信頼性と妥当性に関するデュービンの議論も参照（Dubin, 1969：185–188, 206–210）。カプランは、「作業仮説（「調査の方向に関連するが、その最終目的地に必ずしも関連しない信念」）」と「検証仮説（test hypothesis）（「これが恐らく私たちが考える実際のものであり、推測が正しいかどうかに関する決定を促進するように調査を組織化する」）」を区別する（Kaplan, 1964：88）。ここでは、カプランの用法に従う。

（6）「アレゴリー」や他のシミュレーションに関する議論は、ゼターバーグを参照（Zetterberg, 1963：78–82）。

（7）カプランの見解は、少々限定されたものである。「測定は、一般論として、ある規則に従って、対象（出来事、あるいは状況）に数字を割り当てることと見なせる（Kaplan, 1964：177）。」しかし、また、彼は測定を「対象を抽象的な空間に位置付けること」と論じ、「対象が位置付けられる空間は数字で構成される必要はない。一般的に言えば、各々の対象に割り当てられるものは、数字よりもむしろ数詞（numeral）であるというほうが正確だろう。割り当ての規則が数詞の間の特定の関係を決定し、抽象的な空間を構成するのは、この関係のパターンである」と指摘する（Kaplan, 1964：177–178）。

（8）カプラン（Kaplan, 1964：191–198）とワトフスキー（Wartofsky, 1968：153–172）も参照。

（9） ここで留意すべきことは、特定の観察を測定するために使用する尺度が、観察自体の何か固有の特性というよりもむしろ調査デザイン（すなわち、検証される仮説、入手可能な道具、そして、仮説検証のための技術など）に依存することである。例えば、可視光線の色は、その名称（名目尺度）、波長（比率尺度）で測定できるだろう。職業威信は、「高―中―低」の順位尺度、あるいは、ハットとノース（Hatt and North, 1947）による間隔尺度などによって測定できるだろう。物理学の波動―粒子の二重性のレベルにおいても観察される。これらの一般的な効果の示唆については、ボーム（Bohm, 1961：138）を参照。一見したところ反対の見解については、デュービン（Dubin, 1969：35）を参照。

（10） サンプリングの論理と手続きに関する議論については、ラザウィッツ（Lazerwitz, 1968）を参照。

第5章　仮説検証——仮説を採択するか棄却するかという決定・論理的推論・理論

理　論
論理的推論
仮説を採択するか
棄却するかという決定
仮説検証

仮説検証

図1－1から見ると、この段階では、「観察」に再び戻ってきたことになる。観察、経験的一般化、そして、各方法論上の統制についての上記のコメントは、また同じように、当てはまる。それ故に、理論的に演繹された特定の仮説に論理的に一致するように形式が作られた新しい結果（すなわち、新しい経験的一般化）が生み出されたと想定しよう。さらに二つのステップが取られる。①その結果が仮説と比較され、前者への後者の適合（fit）が満足できるものかどうかについて決定を行う[1]。②適合あるいは不適合は、仮説が演繹された理論の確証（confirmation）あるいは（修正を含む）反証（falsification）として推論される（帰納される）。従って、ポパーは、「理論の運命を最終的に決定するのは、検証の結果である」と論じる（Popper, 1961：109）。「理論の検証は、基本的な言明に依存し、今度は、それが採択されるか、棄却されるかどうかは私たちの決定に依存する。従って、理論の運命を決めるのは、私たちの決定である（Popper, 1961：108）」。

しかしながら、仮説は、原則と実践の両方において検証が可能である程度において大きく異なることを指摘することが重要である。もし少なくとも一つの論理的に可能な経験的一般化が実際には真ではないことが判明するだろうと仮説が予測すれば、仮説は原則において検証可能である。そして、仮説がそのような予測を多くすれば、あるいは、意味すればするほど、その仮説はさらにたやすく検証可能になる。言いかえれば、仮説は、多数の論理的に可能な経験的結果のうちのどれによっても偽であると示すことができ、かつ、経験的結果のただ一つ、あるいはいくつかによってそれを確証できる場合に、仮説は原則において高度に検証可能である。簡単な例としては、「すべての人間集団は、階層化されているか、階層化されていないかのどちらかである」という仮説は原則として検証可能ではない。それは、その仮説が論理的可能な経験的結果を何一つ除外しないからである。しかし、「すべての人間集団は、階層化されている」という仮説は検証可能である。それは、階層化されていない人間集団の発見が、論理的には可能であるが、実際には存在しないと、その仮説が主張するからである。さらに、「すべての人間集団は、威信の序列によって階層化されている」という仮説はさらに検証可能である。それは、さらに多くの論理的に可能な結果――いくつかの人間集団はまったく階層化されていない、あるいは、階層化されているが、威信の序列によってではない――を除外し、それらの結果によって、反証されることが可能であるからである。

ポパーは、仮説の反証可能性（原則における検証可能性）を視覚的に記述し、その最大化が科学の全体の進歩のために不可欠であると論じる。

もし……すべて可能な基本的言明の集合を円形によって表し、可能な出来事をその円の半径によって表すならば、少なくとも一つの半径――あるいは、恐らくさらによければ、一つの狭い扇形――が理論と両立せず、それによって除外されねばならないと言えるだろう。様々な理論を反証する可能性があるものを様々な幅の扇形によって表すことができるだろう。

それでは、ある理論が私たちに与えられたと想定しよう。そして、その理論によって禁じられていない基本的な言明は、狭い残りの扇によって表されるだろう。……このような理論は、明らかに、反証するのが非常に容易であろう。それは、その理論が狭い範囲の可能性だけを経験的世界に許すからである。というのは、それがほとんどすべて考えられる、すなわち、論理的に可能な、出来事を除外するからである。それが経験世界について非常に多くを主張するので、すなわち、「その経験的な内容が非常に多い」ので、いわば、その理論が反証を逃れる機会はほとんど無いのである。

さて、理論的科学は、正確に、この意味で容易に反証可能である理論を獲得することを目指す。……このような理論を獲得するのに成功できれば、この理論は、それができる限り正確に「私たちの特定の世界」を記述するであろう。というのは、それは、理論的科学によって達成可能な最大の正確さで「私たちの経験」をすべての論理的に可能な経験世界の集合から選び出すだろうからである（Popper, 1961：112-113）。

仮説が原則として検証可能であると想定すれば、調査される現象の性質、特定の入手可能な技術（あるいは、より一般的には、解釈、道具化、サンプリング、尺度化、そして測定技術などの方法）を所与として、もし必要な観察、経験的一般化、そして検証が実際に行われれば、それは実践においても検証可能である。

ブラロックは、社会学において遭遇するいくつかの実証可能性の問題を特に扱った。社会学においては、所与のシステムの変数をそのシステムの外部に由来する攪乱から分離することが非常に困難であり、故に多くの場合、仮説が非常に不正確な「傾向」という用語で表現される。ブラロックは、以下のように指摘する。

私たちが統計的な用語で法則を述べ、大量の説明されない変動を許す時、演繹システムを発達させるのはずっと難しくなる。例えば、もしAならばBである、もしBならばCである、故に、AならばCであるという単純な論理の道筋は、もしAならば通常Bである、もしBならば通常Cである、故に、Aならば通常Cであるに変換される。そのような理論は、Aが与えられた場合にBが生起する確率などに正確な値が与えられるのでなければ、もはや予測するのにあまり役に立たない（Blalock and Blalock, 1968：156）。

しかしながら、ブラロックは、不正確な統計的法則に対する選択肢は、理念的（ideal）モデルだけに当てはまる演繹理論を公式化することであると論じる。

しかしながら、このような理論はどのようにして検証されるのだろうか。……正確に公式化された演繹理論の検証は、……私たちが特定化された理想的条件の近似値を求めることができることに依存する。あらゆる点から考えて、外部の影響から分離されている自然システムを見つけられれば、室内実験は必要ではない。……当面は社会学者がそのような理想的条件の下で理論を検証できることはめったにないと想定しよう。最良の戦略がかなり正確な演繹理論を公式化し、そのような理論の非常に粗雑な検証で満足するということも可能である。別の選択肢は――多くの場合、最初の選択肢と同等であるということがわかるだろうが――、説明されない変動を許す演繹理論を構築することである。……しかし、そのような攪乱を許すや否や、私たちは、それらの攪乱が他の変数とどの<u>よ</u>う<u>に</u>関係するのかについて特定の単純化する想定をしなければならない。……さもなければ，検証可能な予測はできない（Blalock and Blalock, 1968：157）。

そして，そのような単純化する想定に関して，ブラロックは以下のように指摘する。

科学者は，常にどの程度現実を単純化しすぎるのかというジレンマに直面する。一方で，単純な理論は構築し評価しやすい。他方では，より複雑な理論は，現実と一致する可能性が高いかもしれない（Blalock and Blalock, 1968：159）。

特定の仮説についてこのジレンマが少なくとも暫定的に解決され，原則および実践として，その仮説の検証可能性に満足であると想定すれば，実際の検証を開始することが可能である。

仮説を採択するか棄却するかという決定

ポパーは，検証手続きは陪審裁判そして裁判官による判決に類似していると示唆する（Popper, 1961：109-110）。陪審裁判では，仮説についての真偽，あるいは，申し立ては，証拠と手続きに関する特定の規則に従って、決定される。裁判官による判決では、申し立てがなされている行為者の運命、あるいは、仮説が演繹される理論の運命が決定されるのである。

「裁判」の段階では、科学者は、①最初の理論、以前の支持、そして、当該の仮説が演繹されたステップ（研究報告における「問題の言明」と「先行研究のレビュー」のセクションに通常は要約されている）、そして②個々の観察を行うことに関わる解釈、尺度化、道具化、そしてサンプリングのステップ、そして、関連する経験的一般化を生み出すことに関係する測定、サンプルの要約化、母数の推定のステップ（「方法」のセクションに通常は要約されている）を体系的に考慮する。経験的結果を理論的仮説に実際に比較する前に、これらの情報構成要素と方法論上の統制についての体系的な批判によって、科学者は、その二者が比較可能である程度を評価しようとする。すなわち、この時点で、科学者は次のことを知りたい。理論がどれくらい統合され揺るぎないものか。仮説がどれくらい入念に演繹されているか。その仮説がどれくらい創意に溢れ、厳密に、そして、容易に伝達できるように、解釈され、尺度化され、道具化され、特定できる母集団の既知のサンプルを対象とするか。観察から経験的一般化への帰納がどれくらい測定、サンプルの要約化、そして母数の推定に関する確立された（あるいは、確立可能な）手続きに準じているか。要するに、結果が仮説の公正な検証を提供するか。各々の答えの均衡が正であれば、次のステップは検証、あるいは、比較それ自体である。ここでは、中心的な問題は、事実と仮説の間に存在するどんな適合でもその「客観的」（すなわち、間主観的に前もって合意された）測度、そして、その測定をするための規則の「客観的」セットを確立することである。

統計的検証は、仮説と結果の間の適合を測定するために入手可能である、最も「客観的」で、最も厳密で、最も精度が高い規則を提供する。そのような検証には、仮説と結果の両方が数量的形式で表現されねばならないが、これは、残念ながら、いつも当てはまるというわけではない。しかしながら、そのような統計的検証がなければ、権威主義的、神秘的、論理―合理的、あるいは、恐らく美的な要請を強いられる。

論理的推論と理論

しかしながら、仮説と結果との適合についてどのように決定がなされるかに関わらず、次のステップは判断に頼るものであり、この決定を推論によって仮説が演繹された理論に関係付ける。[2]一般に、決定は、①それを反証しないことによって、理論に「確証を与える」、②それを決定的に重要ではない点で反証することによって、理論を「変更する」[3]、③それをその論理的構造と対立理論との競争の歴史において決定的に重要な点で反証することによって、理論を「廃止する

（overthrow）」[4]ために下される。推測される選択肢とその程度は、検証の決定それ自体、そして、その検証の結果に与えられる重要性に依存する（ポパーの例示からみると、陪審の評決と裁判官の判決に依存する）。[5]とにかく、理論は、常に仮説と結果の間の適合の検証からのインパクトに耐え、修正された形式では、新しい仮説の源泉として用いられ、従って、科学的過程の新しい循環を開始する。

各検証は、上記のように、独特な概念的形式ではなく、多くの可能性のある解釈された形式のうちの一つだけにおいて、そして、仮説が検証される無限に多数の時間と場所のうちの一つだけにおいて、理論的に演繹された仮説を分析することが重要である。要するに、仮説の各検証は、可能な検証の母集団から抽出された一つのサンプルである。いかなるサンプルとも同様に、その代表性の問題が生じる。この問題が対処される方法は、典型的には、同じ仮説の繰り返された――異なる時間と場所で、時々異なる調査者によって異なって解釈される[6]――検証に関与し、結果として、演繹された概念的な仮説に対する支持、あるいは、不支持の証拠が「蓄積し」、「説得力のあるものになり」、そして最後には「圧倒的に多数になる」。明らかに、同じ理論から演繹された異なる仮説は、理論に対する仮説の重要性、理論と仮説自体などのためにすでに築かれた支持の量次第で、十分に採択される、あるいは棄却されるために、異なる蓄積の検証が必要であろう[7]。

しかしながら、ほぼすべての場合に、特定の仮説に数回の検証が必要である。通常、特定の実質的な領域を占める理論がいったん公式化されると、それに関する調査が計画されたように進行する。すなわち、演繹された仮説を検証するために考案された経験的一般化と比較し、各検証の結果を理論に組み込むことによって、調査が進行する。しかし、マートンは、一つの理論的に導き出された仮説は、全く異なる仮説あるいは理論に関連する経験一般化を時々生み出すと指摘する。マートンは、この出来事の発生について以下のように論じる。

> 有意義な経験的調査は、理論的に導かれた仮説を検証するだけではない。それは、また新しい仮説を生み出す。これは、調査の「セレンディピティ（serendipity）」構成要素と称せられるかもしれないし、すなわち、偶然、あるいは、洞察力による、求めていない妥当な結果の発見である。
>
> セレンディピティのパターンは、予想していない、変則的で、そして、戦略的なデータを観察するというかなり共通の経験に言及し、そのデータが新しい理論を開拓する、あるいは、異なる理論を展開する機会になるのである（Merton, 1957 : 103, 104）。

この記述において、マートンは、偶然性に言及しているように思われる。それは、図1-1において、「経験的一般化」から「理論」への直接の変換によって示されている。そのような一般化は、過去に理論から演繹された仮説を検証する目的で意図的に作られたものであるが、時々直接的に、そして、思いがけなく新しい理論的言明に至ることができるのである。

しかし、「セレンディピティ」という概念は、そっくりそのまま、全ての調査「結果」を含むまでに有効に拡大されるだろう。すなわち、それは、新しい理論をもたらすデータを観察するだけでなく、様々な種類のセレンディピティを識別することにより、その概念により多くの特定性が与えられるだろう。科学的過程における試行の非常に重要な（想像上と実際の両方の）役割に関する私の前述のコメントとともに、図1-1は、この拡大と特定性を達成するための二つの原則を提案するように思われる。従って、以下の二つのことが想定される。①各情報構成要素、情報上の統制、情報変換は、「探したわけではない妥当な結果」が出現する時点を構成する。そして、②各試行――想像上であろうと実際であろうと――は、そのような出現の機会を構成する。①科学的過程の一時点でのセレンディピティの出現と別の時点でのその出現を識別する、そして、②一つの試行期間でのセレンディピティの出現と別の試行期間でのその出現を識別する、社会的原因と社会的結果は、将来潜在的に可能性のある調査領域であるように見える。

注

（1）ゼターバーグは「立証という活動（verification enterprise）」を「二つの広範な種類の文、すなわち、理論における文と指標とデータについての文の比較」と定義する（Zetterberg, 1963：36）。検証手続きについての説明は、ゼターバーグ（Zetterberg, 1963：37-42, 56-82）を参照。基本的な検証手続きとしての反証（falsification）の議論については、ポパー（Popper, 1961：68-92）を参照。立証と反証の簡潔な比較、そして、ライヘンバッハの三種類（技術的、物理的、論理的）の検証の要約に関しては、カプラン（Kaplan, 1964：37）を参照。

（2）理論の検証に影響を与える「一致（correspondence）」「一貫性（coherence）」「実用主義（pragmatic）」規範についての議論はカプラン（Kaplan, 1964：311-322）を参照。

（3）マートンがうまく表現するように、「適切に調査されれば、例外が規則を改善する（Merton, 1959：xxxii）」。

（4）ポパー（Popper, 1961：87）、クーン（Kuhn, 1964：*passim*）、グリア（Greer, 1969：109-25, 特に、118）を参照。

（5）カプランは、理論の確証の相対的な性質を強調する。「理論の採択可能性は、どのような場合でも、程度の問題――多少それに重み付けが割り当てられ、それは、常に、多少制限された範囲での正当化された適用――である（Kaplan, 1964：312）」。

（6）経験的一般化における誤差の一種（「回答誤差」）は、観察可能なもの（observables）に内在する多様性から生じる。私たちは、解釈、サンプリング、測定、そして他の関連する手続きを改良して、この誤差を最小限度に抑えようとする。第二の種類の誤差（「観察者による誤差」）は、調査者による科学的方法の適用における多様性から生じる。特に、異なる調査者によって調査は繰り返される必要があるという議論は、この第二の種類の誤差に対処するように思われる。

（7）　デュルケームの『自殺論』の例を用いた理論の「多重検証」についての同様な議論について、スティンチコム（Stinchcombe, 1968：18-20）を参照。ブラロックも数式化された仮説を過剰に特定すること（overidentify）の望ましさについて論じる。私たちが「係数を推定するのに必要であるよりも多くの経験的情報を持つとき、当該の等式は『過剰に特定された』といわれる」。多数の正確な予測を暗示することによって消去にうまく抵抗してきた高度の過剰に特定されたシステムは、従って、ほとんど過剰に特定されていないものよりも十分に検証されたと考えられる（Blalock, 1969：68, 69）。また、ウェッブ（Webb *et al.*, 1966：3-5）も参照。

第6章　理論の構造——説明的–予測的戦略・範囲・抽象性のレベル・簡潔性・言語

理　論

図１－１に示された諸要素間の関係について簡潔に論じたので、より詳しくみるために、特に理論[1]に戻ろう。それは、理論は、科学的過程における最も包括的な情報構成要素であり、また、理論化は特に人間的な性質を有するからである。

理論構築が最も重要で独特の科学的活動であるかどうかにかかわらず、「理論」という用語の一つの意味において、この活動は、人間にとって最も重要で独特なものと見なしてもいいだろう。この意味で、理論は、根拠の無い生々しい事実（brute fact）の理解と対照的に、経験の象徴的次元を表すものである。……理論化に携わるということは、ただ経験によって学ぶことではなく、学ばれるものとして何が存在するのかについて熟考することである（Kaplan, 1964：294）。

私は、ここで理論の構造について分析し、科学的に志向する科学者に開かれている様々な説明的―予測的戦略について論じることを提案する。結果として、知覚的指示対象（phenomenal referents）が変化するいくつかの次元、そして、概念あるいは理論という用語が変化するいくつかの方法について論じる。

理論の構造

上記のように、科学的過程において理論は二つの機能を持つ。それらは、既に知られている経験的一般化を説明する（すなわち、それらは科学の過去を要約する）。そして、それらは、まだ知られていない経験的一般化を予測する（すなわち、それらは科学の未来に導く）。確証された予測は、理論的説明[2]への私たちの信頼を増加させるだけではなく、その逆もまた真である。満足のいく説明は、理論的な予測に対する私たちの信頼を増加させるからである。従って、各々が相手に対する信頼を築き、両者が一緒に理論自体への信頼を形成する。

理論の過去と未来の意味合いの間に存在するこの相互作用は、すべての科学の最も重要な目的を果たすのである。その目的とは、自然における必然性（Necessity）を見つけることである。すなわち、諸科学において、私たちは、物事が過去にどのように「作用した」のかだけでなく、「物事が将来どのように作用するだろう」かだけでなく、その両方[3]を知りたいのであり、さらに、一つの言明で両方を知りたいのである。要するに、私たちは、物事がどのように「作用しなければならない」かについて知りたい。それは、必然性[4]の表現のみが私たちが求める過去と未来が結ばれた一つのイメージを与えることができるからである。社会学的な例としては、古代社会の社会階層だけを知りたいわけではないし、現在あるいは未来の社会の社会階層だけを知りたいわけではない。もっと正確に言えば、私たちは、社会階層がどこに現れようと、いつ現れようと、社会階層そのもの自体を理解したいのである。

確かに、過去の現象、あるいは、未来の現象を理解するだけでも大変な課題であるが、各々を別々に理解しようとすれば、結果は、二つの全く異なる理解になりそうである。過去は、「独自の言い方で」理解され、未来も「独自の言い方で」理解されるだろう。諸科学において、私たちが両方を一つの理解で済まそうとすれば、課題は極端に拡大される。課題は、非常に拡大され、実際には、文字通り不可能となる。それは、私たちが過去を知るような意味で未来を知るようにはいかないからである。私たちは、ただ未来を推測（予測）するだけである。いかなる新しく発見された事実も、私たちの予測を無効にし、よくても、私たちの理解の範囲を過去だけに縮小し、その結果、私たちが世界の必然を理解するという推測を無効にするかもしれない。

しかしながら、成功の不可能性を十分に認めても、私たちは、主に、理論の過去―未来、説明的―予測的に言及することを通して、必然性の理解をどうしようもなく追求する。私たちは、この二重の言及を通じて、必然性の問題に対する二重の接近を継続的そして同時に求める。過去に当てはまると私たちが発見したことが、未来に当てはまり続けるだろうか。未来に当てはまると私たちが発見したことが、結局、過去にも当てはまったことが判明するだろうか。

理論のこの同時に前後に行ったり来たりする範囲が必然性を科学が追求する方法を第一に明示するものならば、理論の内部構造への二つの一般的規則がこの追求への第一の手段として機能するように思われる。それは、論理的演繹の規則と因果性の規則である（後者には、偶然性（chance）の規則が含まれる）[5]。これは、簡潔な例で表せば、①それが「すべての人は死すべき運命にある」「ソクラテスは人である」のように、過去に受け入れられた前提からの論理的演繹であるならば、あるいは、②ソクラテスとアテネの裁判所との政治的関係、そして、ソクラテスの身体内部の代謝の関係の発達のように、それが、収斂する先行条件（antecedents）の因果的結果を表すならば、「ソクラテスは死すべき運命にある」（ソクラテスは死ぬだろう）という言明を真であると受け入れる傾向があることを意味する[6]。恐らく私たちは、二つの種類の言明を異なる直感的な基礎によって受け入れる。論理的演繹は、「なぜ」特定の現象が存在する（それが「あとに続いて起こる（follows）」）のか答えるように思われるし、因果性は「どのように」それが存在する（それが「結果的に生じる」）のか答えるのである。しかしながら、どのような場合でも、私たちが何かを「理解する」ことができるという、強力で文化的に生み出される感情は、それを説明すると称する言明において論理あるいは因果性の規則が忠実に守られる時に、科学的理論の内部構造を構成するのである。すなわち、科学的理論は、必然性を主に論理の規則、あるいは、因果性の規則に帰属させるかどうか、あるいは、どの時点でそうするかによって、論理的演繹システムと因果的システムに組織化された命題のセットとして記述されるだろう。

カプランは、理論の内部構造の二つの主要な側面として、論理の規則と因果性の規則への科学的な依存に対応する二つのタイプの理論を区別する。彼は、一つの構造を「階層的」あるいは「演繹的」と呼ぶが、これは、一見して、説明項（説明する言明のセット）と被説明項（説明される物事を記述する言明）の関係が論理的に演繹されるものである。

階層的理論は、構成要素となる法則が少数の基本的原則のセットからの演繹として表される。法則は、それがこれらの原則の論理的結果であるという表明、および、特定の初期条件とともに、それがこれらの原則の結果として起こることが明らかにされるという事実によって、説明されるのである（Kaplan, 1964：298）。

階層的理論の例としてカプランが挙げているのは、物理学の相対性理論、メンデルの遺伝の法則、そして、ケインズの経済学理論である。カプランは、二つ目の構造を（社会学ではよく知られている）「連鎖型（concatenated）」あるいは「パターン化された」と呼ぶ。

連鎖型理論は、構成要素となる諸法則が諸関係のネットワークの一部になり、識別できる形態、あるいは、パターンを構成するものである。非常に典型的には、諸法則は中心点に収斂し、その理論が説明しようとする現象において役割を果たす諸要因の一つを各法則が特定するのである（従って、それは、「法則タイプ」と対照されて、「要因タイプ」の理論と呼ばれてきた。……）。これは、特に、共同適用にのみ閉包（closure）を得る傾向言明（tendency statements）から成る理論に該当するだろう（Kaplan, 1964：298）。

連鎖型理論として与えられた例は、宇宙論の「ビッグバン」理論、生物学的進化の理論、そして、神経症の精神分析理論である。そのような理論では、被説明項、あるいは「中心点」と説明項、あるいは「構成要素となる法則」の関係は、演繹的[7]であるよりも因果的である。

ゼターバーグは、社会学的命題を並べるための六つの「現在使われている形式」をリストすることによって、この基本的な構造的二分法をさらに詳細にする。それらは、決定要因の棚卸表、結果の棚卸表、命題の連鎖型、命題の行列、定義の縮小をともなう公理形式、命題の縮小をともなう公理形式である（Zetterberg, 1963：26-34）[8]。最初の四つの形式は、因果的に構造化された理論（あるいは、カプランの用語では、連鎖型理論）が提示される方法であり、最後の二つの形式は、論理的に構造化された理論（あるいは、カプランの用語では、階層的理論）が提示される方法である。[9]

カプランは、その二つのタイプの理論は、「二つの種類の説明ではなく、……説明の二つの異なる（少なくとも、内容ではなく、公式化において異なる）再構成を行う。そして……両方が方法論において役立つ目的を果たすだろう（Kaplan, 1964：332-333）」と強調する。最も簡潔な形式では、カプランは、究極的には、ただ一種類の説明が存在するという。それは、演繹的な説明である。従って、連鎖型、あるいは、パターン化されたモデル理論は、理論形成の初期段階において非常に役立つものであり、その時でさえも、十分に発達した理論に典型的な階層的、あるいは演繹的モデルに還元できなければならない。「何かをパターンに当てはめることは、それによって、どのように説明されているものがより一般的に考察される事項から演繹できるのかを示すことができる限り、説明力を持つ（Kaplan, 1964：338）」。すなわち、何かが特定のパターンの特定の場所に当てはまるという仮説は、そのパターンそれ自体がより大きなパターンに当てはまるという高次の仮説として、演繹的な仮説である。ヘンペルは、同様な議論を表明し、因果的な説明を演繹的な説明の特別な、そして、多くの場合、劣った事例として提示する。まず、彼は、「説明」を定義する。

私たちは、説明を二つの主要な構成要素である被説明項（explanandum）と説明項（explanans）

に分割する。被説明項によって、（現象それ自体ではなく）、私たちは、説明される現象を記述する文を理解する。そして、説明項によって、その現象を説明するために提示される文のセットを理解する。……説明項は、二つの下位クラスに分類される。これらの一つは、いくつかの先行条件を特定する文、C_1、C_2……C_kを含み、もう一つは、一般法則を示すL_1、L_2……L_rなどの文のセットを含む（Hempel, 1965：247）。

ヘンペルは、そこで、「演繹的―法則的説明（deductive-nomological explanation）」、あるいは、略してD-N説明を、「特定の状況（前の引用では、条件）と当該の法則が与えられ、その現象が起こることが期待されていた。そして、この意味で、説明によって私たちがその現象がなぜ起こったのかを理解することができるのである。D-N説明において、被説明項は説明項の論理的結果であること」を示すものとして記述する（Hempel, 1965：337）。今度は、因果的な説明について考察しよう。

説明の文脈では、一つの「原因」は多少複雑なセットの状況や出来事であることが許されねばならないし、C_1、C_2……C_k……という言明のセットによって記述されるだろう。従って、因果的な説明は、暗に、一般的法則——例えば、L_1、L_2……L_r……——が存在し、そのおかげで、C_1、C_2……C_k……において述べられている因果的に先行するものが起こることが被説明項の出来事が起こることの十分条件であり……因果的な説明は、少なくとも暗黙のうちに、演繹的—法則的説明である（Hempel, 1965：348-349）。

従って、この点において(10)、ヘンペルは、説明項の第一の下位クラス（先行条件）について明らかに言及し、説明項の第二の下位クラス（一般的法則）について暗に言及する説明を「因果的」とみなすようにみえる。しかし、説明が説明項の両方の下位クラスを等しく明確に言及する時に、それは、ヘンペルにとって、「本当の一般的な法則（Hempel, 1965：348）」、恐らく、単に因果的よりもむしろ演繹的—法則的説明になるのである。

ヘンペルは、また、両方の共通な性質を強調しながら、（社会学者に特によく知られ、コスナーとレイク（Costner and Leik, 1964）、ブラロック（Blalock and Blalock, 1968：155-159）によって論じられる）「統計的説明」と厳密な「演繹的—法則的説明」を区別する。

確率的な法則にもとづく説明を私は確率的説明と呼ぶ。それが想起させる法則の確率的な性質のために、確率的説明は、特定化された法則と特定の状況を考慮して、説明される現象は多少高い確率で起こることが期待されるということだけを示す。一方、演繹的説明は、説明的な情報の真理が与えられれば、当該の現象は、演繹的確実性を持って生起するということを示す。

しかし、演繹的そして確率的説明は、被覆法則（covering law）に本質的に依存するという点で一致する。両方とも、現象がそのような法則と一致して生起することを示すことによって、特定の現象を説明するのである。本当にこれが全ての科学的説明の共通の特性であると私は考える……（Hempel, 1965：84）。[11]

統計的説明は、カプランによって記述された形式――連鎖型あるいは階層的――のどちらかをとり、それらは、それらの構成要素である命題と法則が並んでいる形式ではなく、むしろそれらの内容によって区別できるように思われる。しかしながら、内容において統計的あるいは決定論的のどちらであろうと、階層的に並んだ理論は、科学哲学において大きな注目を集めてきた。例えば、ネーゲルは、「アリストテレスが科学の理想であると彼が信じるものの構造を分析して以来ずっと、科学的説明は、常に、論理的演繹の形式に並べられねばならないという見解が広く受け入れられてきた（Nagel, 1961：29）」と述べる。そして、ブレイスウェイトは、以下のように述べる。

科学的理論は、（初期命題〔initial proposition〕と呼ばれる）命題のセットから構成される演繹システムであり、論理原則に従って、それから（演繹命題〔deduced proposition〕と呼ばれる）他のすべての命題が結果として生じる[12]。

演繹システムにおける命題は、レベルの序列の順に並べられ、最高次の仮説はシステムの前提として唯一存在し、最低次の仮説はシステムの結論として唯一存在し、その中間のレベルの仮説は高次の仮説から演繹の結論として存在し、低次の仮説の演繹にとっての前提となる仮説である（Braithwaite, 1960：22, 12）。

従って、科学的理論の演繹形式においては、いったん初期命題が選択されると、論理規則が命題間の関係の唯一の決定因となる。これらの規則は、比較的に簡潔、明瞭、そして非常によく理解されている（それに、これらは人間の創造物である）ので、それらは、①経験的な調査が経験的な真実だけを主張できる命題の論理的必要性を主張する（すなわち、説明する）ために、そして②理論において論理的に必要な命題が存在しない位置を見つけるために、そして、もしそのような命題が存在するのなら、それらが有せねばならない特性を特定する（すなわち、予測する）ために用いることができる。ゼターバーグは、「公理論的図式は……いくつかの特定の考えに暗黙に存在するすべての考えを目に見えるようにするのである……それは、［理論家に］彼の想定をはっきりと述べさせ、彼の演繹を明示的なものにさせる。そして、それは、考慮されなかった含意を彼に気づかせる（Zetterberg, 1963：34, また73-78も参照のこと）」と述べる。

しかし、論理は（演繹理論における）命題間の関係の唯一の決定因であるが、特定の命題がそもそも理論に存在するかどうかについての唯一の決定因ではない。その理由は、

> ある特定の時点では経験科学の受容されたシステムである論理構造と非常に類似するものを有する理論システムは数多く存在するにちがいない。この状況は、時々、数多くの――恐らく、無限の――「論理的に可能な世界」が存在するということによって描写される。しかし、「経験科学」と呼ばれるシステムは、ただ一つの世界、すなわち、「現実の世界」あるいは「私たちの経験の世界」を表すことを目的としている……（Popper, 1961：39）。

科学における極めて重要な役割を観察に与えるのは、まさに、すべての論理的に可能な命題[13]

から経験的に真である命題を見つけるということの問題である。「『経験』は、このような観点では、一つの理論的システムが他の理論的システムから識別される典型的な方法に見える（Popper, 1961：39）」[14]。理論的システムが経験をもとに十分に検証されない限り、それは、すべてのレベルにおいて開かれていると考えられねばならない。最高次の最も一般的なレベルでは新しく、より広範な説明的な帰納に、中間のレベルでは新しい命題と古い命題の再配列に[15]、最も低次のレベルでは新しい、より精密な予測的な仮説に開かれている。実際に、科学の「進歩」が意味するものの大部分は、（取り換えるよりはむしろ論理的に包含することによって）古いものと入れ替わる、新しい経験的な観察を予測し、検証し、命題を再配列し、新しい「公準」「公理」あるいは「初期命題」を創造し考察することに関与する。従って、理論の歴史において特定の時点で理論の両端において「究極である」と考えられるいかなるものも、次の時点では、中間的なものでしかないと考えられるだろう[16]。従って、理論の高次の初期命題、そして、低次の演繹された命題と経験的な仮説の両方を、現在の思考と知識の範囲内で、（すなわち、絶対的ではなく、ただ相対的で一時的に）「初期」あるいは「低次」として、考えるのは非常に妥当なものであろう。これは、社会学（あるいは、いかなる科学）における理論的な作業がより基本的な初期命題を帰納し、さらに詳細な仮説を演繹する――すなわち、理論を「一般化」し、「特定化」する[17]――形態をとることを意味する。前者の過程に言及し、ポパーは以下のように述べる。

（科学の）様々な考えと仮説は、流体に漂っている粒子として視覚化できるだろう。検証可能な科学とは、これらの粒子が器の底に落下することである。それらは（普遍性の）複数の層になって沈殿する。沈殿物の厚さは、これらの層の数とともに大きくなり、新しい層は、どれも、それより下の理論よりも普遍的である理論に相当する（Popper, 1961：277-278）。

説明的―予測的戦略

科学的な満足を与える傾向を有する理論の異なる種類の内部構造から判断すると、科学者が特定の現象（より正確には、もちろん、その現象についての特定の経験的一般化）を説明、あるいは、予測したいと思う時に、科学者は異なる戦略を採用できるということになる。(18) 二つの因果的な戦略(19)は、ⓐ現象の原因とⓑ現象の結果の探索を含む。デュルケームは、これらの両方について次のように指摘した。「社会現象の説明がなされる時、それを生み出す動力（作用）因とそれが果たす機能を別々に探さねばならない（Durkheim, 1964：95）」。二つの他の戦略は組成的（compositional）と呼ばれるだろう。その理由は、それらがⓐ構成要素となる実体、過程、あるいは、特性（現象の諸部分）、そしてⓑ（その現象自体が一部である）大きな「背景」全体を探すことを含むからである。また、デュルケームはこれらの戦略を指摘したが、それはより暗示的であった。「（社会生活を）十分に理解するには、どのようにして、それを構成する諸現象が組み合わさり、社会をそれ自体、およびその外部の環境と調和させるのかについて示す必要がある（Durkheim, 1964 : 97）」。

現代物理学の観点から見ると、ボームもまた組成的な戦略について記述している。

まず、ⓐ、

私たちは、実験がどのようにして、小さい種類の実体のレベルのさらに内部にレベルが存在することを示したのかについて考察した。その実体は、それぞれ、規模において上部にある実体の下部構造を構成し、上部にある実体の資質を説明するのに役立つ……。

そして、ⓑ、

しかしながら、今度は、各種類の実体の基本的な資質や特性がそれらの下部構造だけでなく、それらの一般的な背景において何が起こっているのかにも依存するのである（Bohm, 1961：138, 10も参照のこと）。

そして、部分的には、説明の「パターン化されたモデル」についてのカプランの議論も組成的なⓑ戦略を記述する。「何かが他の要素のセットに関係し、それらが一緒に統合されたシステムを構成する時に、それは説明される。私たちは、何かが組織化された全体における特定の一部であると確認することによって、それを理解する（Kaplan, 1964：333）」。

両方の組成的な戦略は、因果的な戦略の下位タイプと見なすことができるだろう[20]。組成的なⓐ戦略は、特定の内生の原因と結果を探し、組成的なⓑ戦略は、外生の原因と結果を探す。

上記の戦略を例示するために、官僚制を社会的組織の一形態として説明し予測したいと思ったと想定しよう[21]。因果的なⓐ戦略は、官僚制が貨幣経済、国家、管理的課題の増加と多様化など、あるいは、カリスマ的指導者が弱体化し死んだ時に生じる後継者の問題の結果であることを示すだろう。因果的なⓑ戦略は、社会全体として採用についての普遍主義的な基準の普及、あるいは、他の人々に対する非個人的（impersonal）で私情をはさまない公平な態度が支配的になるなどの現象を強調するだろう。組成的なⓐ戦略は、官僚制が職員の階層的な組織から構成され、職員は技術的な資格のみにもとづいて任命され、各自が特定化された領域の能力と責任を持ち、手続き上の規則に厳しく統制されていることを示す目録を生み出すだろう。組成的なⓑ戦略は、国家、任意団体、労働組合、政党などの包括的な社会的実体の構成要素であることを示す別の目録を生み出すだろう。

　論理演繹的タイプ、あるいは階層的構造のタイプの理論は、分類（classificatory）戦略と呼ばれる第三の戦略に最もうまく反映される。ここでは、科学者は、関心のある現象を分類図式に位置付け、そこの位置から、現象それ自体について直接知られているよりも多くの情報を推論（演繹）しようとする。官僚制の例を再び用いるならば、分類戦略は、官僚制と他の形態の社会的組織（家族、派閥、群衆、チームなど）との間の分類上の関係を詳しく述べる言明を生み出すだろう。その言明から、官僚制が後者の社会的組織において作用している諸要因のいくつかの特別な事例であることを結論付けるだろう。ブラロックは、スペインにおける低い自殺の発生率を説明する際に分類戦略が意味するアプローチについて例示する。仮に私たちが「自殺率はプロテスタント主義の出現率によって変化する」という命題を認め、そして、仮にスペインが「プロテスタント主義の出現率が『低い』全ての国のセット」に属することが示されれば、ブラロックは、「スペインもまた、全ての成員が特定の属性（例えば、低い自殺率）を持つ国々に属する、あるいは、それらの国々の要素であるということを示すことによって、スペインの属性を『私たちは説明した』（Blalock, 1969：143）」と述べる。

ネーゲルは、分類戦略を科学の未発達な段階において非常に役に立つものであると論じる。

包括的な理論的システムの発達は、（当該の科学によって受け入れられる現象の）種類についての予備的な分類が達成されて初めて可能であるように思われる。そして、様々な種類に注目し、序列付けること——多くの場合「自然史」と呼ばれる探求の段階——は、共通して認識される法則のタイプの発見、ならびに広範囲に及ぶ理論の構築にとって前提条件である、という見解を科学史が繰り返して支持してきた。……種類間を一体化するシステムが達成される時、ある個体が下位の種類の一員である（例えば、家庭のペットは哺乳類である。その理由はそれが猫であり、猫は哺乳類である）ことを示すことによって、なぜその個体が特定化された種類の一員であるのかについて（それが大雑把なやり方でしかないとしても）説明することが可能である。そのような説明は、明らかに、私たちが慣れている現代の理論科学の説明から遠く離れたものである。しかしながら、それらは、後者に到る途上の初期の段階である（Nagel, 1961：31, N. 2）。[22]

分類戦略は、科学の歴史の初期において用いられると、未発達な傾向がある。それは、それが構成されているいくつかの因果的および組成的な要素がまだ体系的に分類されず、まだ体系的にまとめられていないからである。未発達な分類戦略は、従って、一般的に知られている材料と知られていない量や組み合わせの「混合」である。[23]ネーゲルの例では、なぜ哺乳類がいるのか、なぜ猫がいるのか、そしてなぜ家庭のペットがいるのかについて、十分な因果的そして／あるいは組成的な説明をまだ有していない。しかしながら、分類戦略は、それが因果的、そして、組成的な説明諸要素を分かるように論理的に並べて組み合わせたものの簡潔な表記法になれるなら、科学の歴史のより成熟した段階でも現れるだろう。周期表の現代版、恒星の種族の色─明度に関する図表、そして、生物の系統発生学上の序列がこれを例証するのに役立つ。[25]分類戦略が後者のように用いられる時、少なくとも二つの利点があるように思われる。①それは、説明の簡潔性（parsimony）を高める――同じ種類の原因、結果、構成要素、そして／あるいは、分類カテゴリーへの所属が多様な現象に起因する限りにおいて。②ブラロックの例が示すように――それは、当該の現象についての新しい仮説が演繹される即時の源を提供する――類似する構成要素を共有すると知られる現象が類似する分類カテゴリーへの所属、原因、そして／あるいは、結果を共有すると仮に期待される限りにおいて。[26]

上記に論じた戦略を要約するために、あなたが現象Yを説明したいと想定しよう。あなたは、次の形式のどれか、あるいは、すべてにおける言明に到る戦略を採用できるだろう。

因果的ⓐ　Yは、これこれしかじかの先行変数によって引き起こされる。
因果的ⓑ　Yは、これこれしかじかの結果を引き起こす。
組成的ⓐ　Yは、これこれしかじかの属性、実体、あるいは、過程から構成されている。
組成的ⓑ　Yは、これこれしかじかの属性、実体、あるいは、過程の一つの構成要素である。
分類的ⓐ　Yは、これこれしかじかの類型の特定の種類に位置付けられる。

演繹的戦略の諸タイプに関するこの一般的な議論は、「記述的」および「説明的」研究がなぜ科学的研究の全体において高度に相互依存するのかを明らかにするだろう。研究が「記述的」であると私たちがいう場合の多くは、それが組成的戦略を明示することを意味し、主題となる現象の諸部分、あるいは、諸属性、そして／あるいは、それが部分である大きな全体が分類される(27)。同様に、研究が「説明的」と呼ばれるときは、私たちは、通常、因果的な戦略の一つ、あるいは、両方に従って進み、現象の原因、そして／あるいは、結果を明記するのである。しかしながら、あらゆる現象の十分に満足な説明は、上記の戦略の一つではなく、すべてを必要とするのである。

範囲

ここで、属性空間（Property-space）とは、理論の二つの次元によって記述されることを意味する。その二つの次元とは、被説明項に含まれる言及（reference）の実体的範囲、そして言及の空間―時間的範囲である。(28)実体的範囲における多様性を例示するために、準拠集団や官僚制などが諸部分、諸属性、あるいは、諸過程である全体の社会システムよりも、むしろ官僚制、準拠集団、社会移動、あるいは都市化だけを理論が説明しようとすると考えてみよう。結果として、後者における被説明項の実体的範囲は前者よりも狭いと言えるだろう。空間―時間的範囲における多様性を例示するために、いつの時代であろうと、あるいは、どこの場所であろうと、官僚制を説明しようとする場合とは対照的に、理論が十九世紀ドイツの官僚制だけを説明しようとすると考えてみよう。同様に、理論がいつの時代であろうと、あるいは、どこの場所であろうと、社会システムを説明しようとする場合とは対照的に、二十世紀の米国の社会システムだけを説明しようとすると考えてみよう。

究極的には、私たちは、実体的および空間―時間的の両方の意味において最大限の範囲を有する確証された理論を探求する。それは、もしそれらが実際に確証された理論ならば、実体的あるいは空間—時間的範囲がより狭いすべての理論はそれらから演繹可能であり、従って、それらによって説明できるからである。物質の原子理論や相対性理論の非常に広い範囲は（例えば、ボイルの法則やニュートン力学と比べて）、明らかにそれらの最強の特徴の一つである。しかしながら、（どちらの意味においても）大きな範囲の役に立つ理論は、抽象的な熟考から完璧な形態で生じるというよりは、範囲がより狭い以前の理論から帰納される傾向があると指摘されてきた。ポパーは、この過程における論理的帰納の役割を否定するが、彼の意見は明らかにここにおいて関連するものである。

次のような疑問が提出されるだろう。「なぜ最高レベルの普遍性の理論をすぐに発明しないのか。なぜこの擬似的—帰納的進化を待つのか」……普遍性のレベルが高すぎる理論は、いわば（すなわち、その時代の検証可能な科学によって到達されるレベルからかけ離れすぎるので）、「形而上学的システム」を恐らく生じさせるだろう……その時代の科学とのつながりは、一般に、問題状況に対処しようとして提唱される理論によってのみ確立される（Popper, 1961：277）。

そして、マートンは、社会学理論に特に関連して、以下のように述べる。

あたかも今この場で一般的な社会学理論の定式化を期待するように書く社会学者もまだいる。その社会学理論は、非常に広範囲にわたる社会行動、組織、そして変動の厳密に観察された詳細を包含するのに十分なほど幅広いものであり、調査にたずさわる研究者の注意を経験的調査のための様々な問題に向けるのに十分なほど有意義なものである。これは、時期尚早であり、終末論的な信念であると私は思う。十分な準備の作業がまだなされていない（Merton, 1967：45）。

しかし、マートンは次のように続ける。実体的（そして、恐らく、また空間―時間的）な範囲の両極において危険が社会学を取り囲む。

特別な理論に完全に集中すると、限定された側面の社会行動、組織、そして変動を説明するが、相互に矛盾する特定の仮説として現れる危険を冒す。すべての付随する理論を導く最高の概念図式だけに集中すると、すべての多様な暗示、構造上の豪華さ、そして、科学的な不毛をともなう、過去の大規模な哲学的システムと同等の二十世紀の社会学を生み出す危険を冒す（Merton, 1967：51）。

マートンによれば、最も確実な道は、特別な理論から一般理論へ到るのであり、むしろその逆ではない(29)。

私たち社会学者は、それよりはむしろ、着実に前進する包括的な社会学理論へ目を向ける。その理論は、人の頭から進む代わりに、中範囲の理論を徐々に統合し、これらの理論がより一般的な公式化の特別な事例になるのである（Merton, 1967：51）。

抽象性のレベル

「範囲」が特定の理論の視界に入る母集団の部分の実体的、空間的な拡大を測定するのに対して、「抽象性のレベル」は、実際の観察に対するその理論の概念の近さを測定する(30)。理論が低いレベルの抽象性で形成されると、それは、ほとんど、すでに解釈された「検証仮説」のセットである。対照的に、高いレベルの抽象性で形成された理論の用語は、より観念的であり、実際の観察から距離があり、その解釈はかなり難しい。ブラロックが述べるように、「演繹的に定式化された理論は、補助的な理論の助け無しに直接検証することはできない。その補助的な理論は、理論的変数の少なくともいくつかを操作的手続きに結び付ける想定から構成される（Blalock,

1969：151）」が、そのような操作化された「補助的な理論」の性質は多様であり、主要な理論の抽象性のレベルに依存する。再度、ブラロックの言葉によれば、

抽象性のレベルが高ければ高いほど……測定された指標をこれらの抽象的な概念に結び付けるのが難しいだろう。また、理論が適用される状況の多様性が広範であればあるほど、指標の選択肢が多くなり、恐らく、多重指標の使用に依拠する度合いが大きいだろう（Blalock, 1969：152）。

理論の範囲と抽象性のレベルが関連する次元であることは明らかであるように思われる。すなわち、抽象性のレベルが高ければ高いほど、それだけ範囲が広いのである。例えば、「国勢調査の人口数」から「分業」へ抽象性のレベルを上げることは、より広範な実体的、そして空間・時間的な範囲を明らかに意味し、その範囲の中で関連する観察が見つかるのである。しかし、この点において、範囲と抽象性のレベルの関係における二つの重要な複雑性について言及せねばならない。

第一に、範囲と抽象性のレベルとの間の正の関係は相互的なものではないように思われる。抽

象性のレベルの増加は範囲の増加を意味するが、範囲の増加が抽象性のレベルの増加を必ずしも意味しないからである。例えば、準拠集団から社会全体に理論の範囲を増加させることは、必ずしも理論的な被説明項、あるいは説明項を示すために使われる用語の（付加が必要かもしれないが）抽象性の変化を必要としない。実際には、広範な範囲の理論への提案の一つは、同じ抽象性（概念）がすべての実体的、そして空間―時間的な拡張を通して適用されることである。

第二に、抽象性のレベルの変化が範囲の変化を意味する限りにおいて、後者の変化は論理的には無限である。抽象性のレベルを「国勢調査の人口数」から「分業」へ増加させることによって、私たちは範囲を広げたことはわかるが、どのように、あるいは、どの程度なのかわからない。異なる実体的、そして空間―時間的な領域における仮説の経験的な検証だけが抽象性のレベルの変化において意味される範囲の変化の性質を示すことができる。

恐らく、（時には論理的依存性、時には論理的独立性という形で起こる）範囲と抽象性のレベルの間の関係における複雑な事態のために、理論のこれらの二つの次元は、時々、無差別に混在するのである。例えば、上記のように、マートンによる「中範囲の理論」と「全体システム理論」の区別を範囲に関連するものと言及したが、彼の議論は、抽象性のレベルにも関連するように思われる。従って、一方では、マートンは、「中範囲の理論は、社会現象の限定された側面を扱う……（Merton, 1967：39）」と述べ、「今日の私たちの主要な課題は、限られた概念的範囲に適用可能な特別な理論を発達させることである――例えば、逸脱行動、目的的行為の予期せざる結果、社会的知覚、準拠集団、社会統制、社会制度の相互依存の理論である――（Merton, 1967：51）」と論じる。中範囲の理論のこれらの記述は、範囲の次元に関するものであると私は考える。しかし、他方では、マートンは、「中範囲の理論は、経験的な調査を導くために、社会学において主に用いられる。……中範囲の理論は、もちろん、抽象性と関係するが、それらは、観察されたデータに近いので、経験的検証を許す命題に取り入れることが可能である（Merton, 1967：39）」と述べている。そして、これは、抽象性のレベルの次元について言及するものであると私は考える。

この明らかな不明瞭さに加えて、「中範囲」という用語は、抽象性のレベルの意味に関する批判を範囲の意味に関する批判よりも受けやすいだろう。その理由は、解釈された仮説、あるいは、補助的な理論（演繹された、本質的に「具体的な」情報の項目）と比較して、前者は理論（帰納された、本質的に「抽象的な」情報の項目）の特徴的な役割の低下を意味するからである。もっと具体的には、「中範囲」が操作主義を意味する限り、後者の見解[31]に向けられた同じ批判を受けやすい。曖昧な意味、そして、二つの可能な意味の間の異なる脆弱性のこの組み合わせの結果、マートンが述べるように、中範囲の理論家が「人口を周期的に集計する作業員、あるいは単に実情調査員、あるいは単に記述的な社会記録者として型にはめられてきた（Merton, 1967：53）」のは驚くにはあたらない。すなわち、抽象のレベルには関係なく、範囲のレベルが低レベルあるいは中レベルで作られた命題と理論を主張すると認識されるよりもむしろ範囲とは関係なく、抽象レベルが低レベルか中レベルで作られた命題と理論を主張すると型にはめられてきたのである。「中範囲の理論」は範囲の意味が基本である限り、そのような理論は、図１－１に示される情報構成要素「理論」の内側にある下位カテゴリーであるように思われる。しかし、抽象レベルの意味が基本である限り、中範囲の理論は、一方では経験的一般化と理論の間の情報構成要素となり、他方では理論と仮説の間の情報構成要素となる[32]。

簡潔性

ある理論が別の理論よりも複雑な被説明項を扱うならば、前者が後者よりも複雑であると私たちは当然期待するだろう。しかし、それにもかかわらず、前者の理論でさえも「簡潔である」べきであるという必要条件は、その理論は重複がないということを意味する。すなわち、同じ被説明項を説明する他の可能な理論と比べて、それが単純でなければならない。要するに、その理論の形式あるいは内容の特定の要素が無くても、うまくいく、あるいは、良くなるのであれば、その要素は不必要な複雑さであり、簡潔性の規則に従って捨てられるべきである。

簡潔性の規則によって主張される決定的な比較は、当該の理論と別の可能な理論の間においてなされるものであり、理論とその理論が説明し予測する力を追求する実体的な領域との間ではない。実際に、後者の比較がなされる時は、「その理論の問題は、単純すぎる……という議論が時々理論に反対して行われる。自然は、時折、複雑性を完成させる……（従って、）科学の進歩は、常に、より単純な理論の方向に向かうとは限らない（Kaplan, 1964：317-318）」。しかし、理論間における前者の比較では、「私たちは、複雑にする要素を省くことから誤差が予期される根拠がある場合においてのみ、それを（関心のある理論に）導入する（Kaplan, 1964：318）」。そうでなければ、同様に誤差がないが、より単純な理論が選好されるべきである。

従って、例えば、デュルケームは、「繰り返される自殺が起こる家族において、それらがほとんど完全に同じように行われる。それらが同じ年齢だけでなく、同じ方法でも生起する。……しばしば引用される事例では……数年ごとに同じ武器が家族全体に役立つのである（Durkheim, 1951：97）」という根拠で自殺が遺伝的に継承した行動として説明される理論を否定した。デュルケームは、「首吊り、あるいは発砲によって自殺する（遺伝的な）傾向の存在を認める

（Durkheim, 1951：97）」いかなる理論もばかげているとみなした。そして、彼はこの意見のための明示的な理由を与えなかったが、大きな可能性としては、そのような理論は極めて複雑でなければならないということである——恐らく、自殺を行う方法としてあり得るすべての方法のために区別できる対立遺伝子を仮定し、自殺が行われる生活空間の時間と空間としてあり得るすべてのために区別できる別の対立遺伝子を仮定するなど——。デュルケームは、そのような極端に奇妙な遺伝理論よりも、恐らくはずっと単純な社会的伝染理論を好んだ。

ポパーは、理論構築における簡潔性の規則のための明確な理由を提供する。すなわち、より単純な理論はより簡単に検証可能である。

> （なぜ単純さが非常に望まれるのかを）理解するために、私たちが「思考の経済の原則」、あるいはそのような類のものを想定する必要はまったくない。単純な言明が……単純でないものより貴重である。それは、それらが私たちにより多くのことを語るからである。それらの経験的内容が多いからである。それらはさらに検証可能であるからである……。私の見解では、もし人が永久に確立されたシステムとしてそれをしっかりと固守するならば、もしそのシステムが危機に直面する時は、補助の仮説を導入することによって、それを助けることを人が固く決意しているな

らば……システムは、最高度に複雑なものとして記述されねばならない。というのは、このように保護されているシステムの反証可能性の度合いはゼロだからである（Popper, 1961：142, 145）。

言　語

経験的な理論を定式化する際の特定の種類の言語の有用性は、それらの使用（すなわち、その語彙と文法）を統制するそのシンボルと規則が理論の言及する経験的観察と一般化に対応する程度、従って、それらを表現する程度に完全に依存するのである。言いかえれば、理論的目的が論理的構造を有する、あるいは、因果性を表現できる、言語を持つのは有用である。その理由は、論理的あるいは因果的構造それ自体が特定の価値を持つからではなく、経験的観察がそのようなタイプの必要性を反映するからである[33]。例えば、数学的言語は、そのシンボルと規則が非常に広い範囲の経験的観察に対応するように思われるという理由だけで大きな理論的効用を持つ。特に、加算、乗算、二乗、積算などと呼ばれる数学的手続き――そして、もちろん、「番号を付けること」それ自体――は、それらが殺人、重力、対人的影響、銀河系間の影響、エネルギーと質量の変成変換、バクテリア、昆虫、そして人間の個体群の規模の変化、経済的供給と需要、そして価格変動、三者集団における感情、遺伝などのような広範囲の現象に内在する観察された経験的過程に対応するという理由だけで科学的に有用である。実際に、古い種類の数学と新しい経験的観察の間の非対応に応えて、新しい種類の数学が発明、あるいは実用化されてきた（例えば、微積分学とテンソル数学）。従って、特定の種類の理論的言語について問うべき最初の科学的質問は、その「適合性」である。すなわち、そのシンボルと規則が観察された現象とその理論の主題に一般的に対応するかどうかということである。

しかし、観察と一般化、それら自体は、「真の」経験的な現実――何が推定上観察されているのか――だけでなく、特定の科学が概念的、技術的に進歩した状態――どのように、どれくらいうまく観察するか――にも依存する。そして、今度は、これら後者が観察者の目や他の観察道具と同じくらい観察者の観念――概念的語彙と関係的文法――に依存するのである。従って、経験的観察と一般化は、それらが象徴化される言語の選択に影響を与えるだけでなく、その逆もある。すなわち、理論が定式化される言語がその後に作られる仮説、経験的観察、一般化、そして、検証に影響を与える。要するに、理論家は、理論が生み出す新しい仮説、観察、一般化、そして検証が前のものよりも「よりよい」ように、理論の基礎になっている経験的一般化よりも、ある意味で、「よりよい」言語を選択すべきである。

しかし、科学的目的のために、どんな基準によって特定の種類の言語が他の種類よりも「よりよい」と呼ぶことが可能なのか。少なくとも四つの可能な基準が存在する。第一は、言語は、迅速に、体系的に、論理的非一貫性と論理的矛盾――それが、仮説と観察、観察と一般化、一般化と理論、仮説と理論に関する意思決定の間であろうと、あるいは、理論自体の内部であろうと、あるいは、どこに位置しようとも――を明らかにしなければならない。こうするためには、言語は結果をはっきり確定するものでなければならない。そして、それは、「用語によって指定される種類の物事は、……そのように指定されない種類の物事から……明瞭に明確に境界が分けられる」という意味と、「その用語によって表される区別は……その用語によって示される物事の間に存在する、狭義ではあるが重要な差異を特徴づけるのに十分である（Nagel, 1961：8）」という二重の意味においてである。要するに、言語は、高度に明示的で、曖昧でない言明を表すことができなければならない。つまり、いくつかの異なるが、同じくらい妥当な解釈ができる言明は、詩には不可欠であるが科学には致命的である。示唆的で、内包的な「豊かさ」の陰に、決定的に重要な非一貫性と矛盾を隠すかもしれないからである。(34)

第二に、科学的文化あるいは領域、そして国民文化が異なっても、理論が最小限の翻訳しか要しないように、言語はできるだけ明確に理解され、同様に、普遍的に理解されるべきである。国民文化がしばしば科学的研究に課すイデオロギー的偏見を含まず、そして、その言語でなされた言明は科学的領域の内部そして領域間で自由に伝達可能であり、従って、批判に対して最大限開かれていることが保証されるように、言語は特定の文化に関連した意味合いをできるだけ持たないようにすべきである。

第三に、言語は、柔軟でなければならない。それは、一般的あるいは単純な言明であるのと同様に、高度に特定的あるいは高度に複雑な言明であることが可能であり、言明を変換する正確な規則を含むという意味においてである。

最後に、言語は、経験的観察と一般化とは関係なく、それを用いる理論の拡大を促進するべきである。すなわち、言語は、科学者が理論のシンボルと文を純粋な抽象として容易に操作し、従って、手元の実際の観察と関係なく、それらの論理的な含意を引き出すことができるようにしなければならない。そのような拡張の経験的な妥当性は、次に、新しい観察を通して検証することができる。ヘンペルは、ユークリッド幾何学をこの性質を持つ理論として引用する。(35)

純粋な幾何学は、物理的世界における空間的特性と対象の関係については何の主張もしない。物理的幾何学、すなわち、物理的現象の空間的側面を扱う理論は、物理学用語における特定の解釈を原始語（primitives）に与えることによって、純粋な幾何学のシステムから得られるのである。従って、例えば、ユークリッド幾何学の物理的対応物を得るためには、点が小さな物理的対象によって近似されるものとして解釈されるだろう。……この解釈は、純粋な幾何学の公準と定理を物理学の命題に変化させ、そして、それらの事実の正しさに関する問いは、今や、経験的検証を可能にする――そして、本当に、それを必要とする――のである。……もし適切な方法によって得られた証拠が好ましいものでなければ、多分ユークリッド形式の幾何学が非ユークリッド形式のバージョンに取って代わられ、物理学理論の他の部分と組み合わせて、観察上の結果とより一致するようになるだろう。実際に、一般相対性理論においてまさにこれが起こったのである（Hempel, 1952 : 34）。

そして、ブレイスウェイトは、科学的観察と理論とは関係なく、数学的発展のさらなる例を列挙し、良い結果に言及する。

新しい理論システムを構築する科学者が、彼のシステムのために必要とする数学は純粋な数学者たちによって彼ら自身の楽しみのためにすでに解明されていたことをほとんど常に分かっていたのは、物理科学の現代史において幸運な事実である。従って、アインシュタインは、一般相対性理論（Einstein, 1915）を発展させる際に、リーマンの非ユークリッド幾何学（Riemann, 1854）

とリッチのテンサー微積分学（Ricci, 1887）がいつでも手助けできる状況であった。量子数学において使われる非可換乗算は、カグレイ（Cagley, 1858）のマトリックスと微分方程式を操作する方法を組み合わせて実現した（Boole, 1844）。……優れた指導者への教訓は、適切な科学的「計画」には、純粋な数学者が科学者の五十年先を進んでいるということのように思われる（Braithwaite, 1960：48-49）。

すべて四つの点——決定性、普遍性、柔軟性、そして抽象性——において、数学的種類の言語が言葉による（verbal）言語よりも優れているように思われる。[36] ネーゲルは以下のように述べる。

物事の数字を使った評価は、これまで最良のものであったが、特定の選択された特性を評価する一つの方法でしかない。それは、卓越して最良である。なぜならば、普遍的に認識されている言語としてそれらが有する明白な利点に加え、数字は、明瞭さを失わずに、分析の改善を可能にし、それらの情緒的に中立である特性は、変化する質の多様性における恒常的関係を象徴的に表現することができるからである。数学は、人間的ではない必然性の認識を表現するのである（Nagel, 1960：122）。

この主張は現在の論文の観点からすると、数学的言語は、実体的そして空間—時間的範囲、そして理論の抽象性のレベルを表現し、従って、分化させる際に、言葉による言語よりも明らかに優れている。従って、ブラロックが述べるように、最終的には、私たちは、全ての言葉による理論の数学的用語への翻訳を遂行しなければならない。

言葉による言語を注意深く再構成することは、確かに、私たちが対面する最も挑戦的な課題の一つである。この活動の大部分は、概念を明確化し、変数を取り除き、あるいは、統合し、既存の言葉による理論を共通言語に翻訳し、命題を求めて文献を調べ、重要な理論的研究における主要な諸命題を連結する暗黙の想定を探すことから成るのである。公式の数学への最後の翻訳、そして、数学的な論理的思考の実際の使用は、少数の専門家によって遂行できる比較的単純な作業であるように思われる。もっと困難な事前の課題は、もし異なるタイプの数学的公式化の潜在的可能性と限界の両方についての認識があるならば、そのような技術的訓練のない社会科学者でも成し遂げることができる（Blalock, 1969：27-28)。

最後に、本書の第四章で述べたように、特定の理論の全面的な評価には、論理的一貫性を表す内部構造の特徴と同語反復の不在だけでなく、また、実体的な真理値（truth-value）を示す観察と経験的一般化との外的な一致（correspondences）だけでなく、その形式的な情報価値を表す他の特徴もまた調べる必要があるという、私の提案を思い出すことが役に立つかもしれない。上記の論議は、これらの特徴の四つを特定することを目指したものである。その特徴とは、実体的そして空間的時間的範囲、抽象性のレベル、簡潔性、そして、言語である。特定の種類の現象に関する特定の理論は、下記の条件を満たせば、同じ現象を説明しようとする他の理論よりも優れていると私たちは結論付けるだろう。その条件とは、その理論が他の理論よりも、論理的に一貫し、同語反復がなく、演繹された仮説の経験的検証によって完全に立証（verified）され、高度な実体的範囲と空間的時間的範囲、高次の抽象性のレベル、そして、命題における簡潔性、そして、言語における高度の決定性、普遍性、柔軟性、そして、抽象性を有することである。

注

（1）　理論とモデルの違いは、カプランが簡単に要約した。「一般に、理論から研究題目について何かを学ぶが、（私たちがモデルを用いて行うように）その理論の属性について考察することによって学ぶわけではない。理論は、研究題目が特定の構造を有することを言明するが、（モデルが行うように）理論が必ずしもそれ自体の構造を示すわけではない（Kaplan, 1964：264-265）」。同様な見解については、ブレイスウェイト（Braithwaite, 1960：特に90-93）、ワトフスキー（Wartofsky, 1968：143-146, 280-287）を参照。本書全体を通じて使われるように、「理論」という用語は、時々「理論―見取り図（theory-sketch）」と言及されるものを含む。

（2）シェフラーは、「予測をすることは、説明の存在を確証する方法の一部である（Scheffler, 1960：280）」と指摘するが、科学において両方が等しく中心的なものであることを論じる。

（3）「現在」への言及は省略される。それが言及する微小な瞬間が、人の関心次第で、「過去」あるいは「未来」のどちらかの部分と考えられるからであろう。

（4）ボームは、私たちが「多種多様な変換と変動の内部に存在する特定の関係の不変性（constancy）」を「そのような関係は、別なやり方ではありえないという意味で、必然的であり、それらの関係は、物事が何であるのかに本来備わっている、本質的な特徴であるからである（Bohm, 1961：1）」と解釈すると指摘する。ワトフスキーはさらに強力に以下のように述べる。「自然の法則について私たちが請求するのは、それを誰かが知るか否かに関係なく、また、それを知ることが可能かどうかにさらに関係なく、それが有効であることである。……私たちは、たとえ落下物が以前になくても、そして、それが将来なくても、それでも、それがあるとしたらガリレオの法則に従って落ちるだろう……というだろう（Wartofsky, 1968：251）」。同様に、カプランは、理論を「自然のゲームにおいて使われてきた指し手のあら筋以上のものであり、それは、指し手が分かるようになるゲームの規則の考えを明記する（Kaplan, 1964：302）」と言う。また、クワイン（Quine, 1967）も参照。

（5）私は、ファイグル（Feigl, 1953：408-418）、ブレイスウェイト（Braithwaite, 1960：308-311）、ネーゲル（Nagel, 1961：74）のように、時間と空間において消失（vanishing）する距離で定期的で非対称な作用という観念を含む定義を私は好むという以外は、ここでは因果性を定義しようとはしない。特に素粒子に関する現代の物理学理論を説明するための因果性の規則の不十分さは知っておかねばならない。しかしながら、よりマクロな現象の理論では、因果性の規則は、自然における必然性を見つけるために強力な手段であるように思われる。科学的理論における因果性および偶然性の場所の議論については、ボームを参照。「自然において起こる過程は、因果性の法則よりも一般的な法則を満たすことがわかっている。というのは、これらの過程が偶然性の法則と……因果性と偶然性の関係を扱う法則も満たすからである（Bohm, 1961：3, また、20-32, 140-143も参照）」。（私が好む）一つの解釈では、「偶然性」は、因果関係の全くの不在に言及するのではなく、ちょうど偏りのない硬貨を投げ上げて、地面に表で落ちるか、裏で落ちるかを決めるように、多数の小さな未知の原因の存在に言及するのである。偶然性のいくつかの（上記を含む）意味については、ネーゲル（Nagel, 1961：324-335）、そして、無作為の議論は、スティンチコム（Stinchcombe, 1968：23-24）を参照。

（6）ネーゲルは、「自然の法則のすべてが因果的であるというわけではない」と考え、そして、「様々な科学において説明的な前提として使われている法則のタイプ」として、（下位タイプを含んで）五つの他のタイプの法則について議論する（Nagel, 1961：75-78）と指摘しておこう。しかしながら、そのようなタイプの法則はすべて、それ自体は因果関係を特定しなくても、因果的な法則によって説明可能であり（なぜなら演繹可能であるから）、従って、（もっと面倒ではあるが）因果的な用語で再定式化できるだろう。故に、前者の法則が因果的な用語で表されていないことは、内容よりも表記やスタイルの問題であるように思われる。「特定の種類のあらゆる対象の明確な属性同士の一定の併存」を言明する法則（Nagel, 1961：75-76）――例えば、鉱物における密度と硬度の併存――そして、「規定された属性や過程に関連する二つ以上の変化する大きさの間の関数的な依存（数学的な意味での『関数』）（Nagel, 1961：77）」を言明する法則――例えば、気体における圧力、温度、そして体積の依存――は、今や、分子及び原子のレベルの統計的な因果的な法則から演繹可能であり、定式化できるのである。

（7）カプランは、説明の「パターン化されたモデル」には、因果的、目的的、数学的、そして、恐らく他の基本タイプなど様々な種類があるだろう（Kaplan, 1964：334）」と指摘する。しかし、「目的」は様々な「原因」であり、連鎖型理論として彼が挙げた例はすべて、これらが今では宇宙論の「ビッグバン」理論の事例のように高度に数学的であるとはいえ、因果関係を示すものである。

（8）これらのうち、最初の三つに関するさらなる議論は、ブラロック（Blalock, 1969：35-47）を参照。

（9）論理的そして因果的に構造化された理論の間の同様な基本的な区別は、また、グレーザーとストラウス（Glaser and Strauss, 1967）による「論理演繹理論」と「グラウンデッド理論」の区別においても役割を果たしているだろう。

（10）　同じ議論において、ヘンペルもまた、因果的な説明は、「必要不可欠な説明的な法則だけでなく関連する先行条件も無限定なものにするかもしれない」と示唆する（Hempel, 1965：349）。しかし、説明項が全く無限定なものである（そして、その下位クラスの両方においても、同じくらいそうである）説明は、説明でもそのための「スケッチ」でもないように思われる。

（11）　また、ヘンペル（Hempel, 1965：376-412）を参照。

（12）　「理論」の同様な定義については、ネーゲル（Nagel, 1961：90 ff）、ポパー（Popper, 1961：59 ff）、バーグマン（Bergmann, 1958：31-32）、マートン（Merton, 1967：39）、ゼターバーグ（Zetterberg, 1954：10）、そしてブラロック（Blalock, 1969：2）を参照。

（13）　ブラロック（Blalock, 1969：48-75, 特に64）を参照。

（14）　「観察上の証拠が命題を支持する必要があるのは、経験科学によって調査された命題が論理的な不合理性が無くても否定され得るからである（Nagel, 1961：21）」。そして、カルナップは、「法則について考えてみなさい。『鉄は熱せられると膨張する』。別の法則は、『鉄は熱せられると収縮する』と述べる。この二つ目の法則には論理的な矛盾は全くない。純粋な論理の観点からは、それが無効ではないのは最初の法則と同じである。二つ目の法則よりはむしろ最初の法則が受け入れられる。それは、それが自然界で観察される斉一性を記述するという理由のみによるものである（Carnap, 1966：199）」と書いている。

（15）　ゼターバーグが指摘するように、「公準（postulate）と定理（theorem）の間には、本来特有の差異は存在しない。公準がいかなる点でも『基本的』『当然』『自明』ではないのは公理と同じである（Zetterberg, 1954：20)」。バーグマンは、「法則を公理と呼ぶか、定理と呼ぶかは、法則それ自体について何か述べることではない。それは、理論における位置について何かを述べるに過ぎない（Bergmann, 1957：32)」と同意する。ブラロックは、公理と公準を識別する二つの規則を提供する（Blalock, 1969：10–26、特に18）。

(16) 説明の「開放性（openness)」についてのカプランの議論（Kaplan, 1964：351–356）を参照。

(17) 属性空間（property-space）という概念に関するバートンの議論は、両方の過程に直接関連するが、その関連性は、すぐに明らかにはならない。それは、特定の概念あるいは命題が他よりも「基礎的」「基本的」「原初的」あるいは「初期的」であると述べる時に関与する強い視覚的な曖昧さによるものであると私は思う。視覚的問題は、より基礎的な概念が他よりも「低い位置にある」、他の「根底にある」、それから他が「昇る」と視覚化されるべきかどうか、あるいは、より基礎的な概念が他よりも「高い位置にある」、それから他が「降りる」と視覚化されるべきかどうか、ということである。最も「基礎的」な概念や命題が「高い位置にあり」、理論の他の概念や命題が論理的演繹によってそれらから「降りる」という後者のイメージが科学哲学の文献では従来踏襲されているように思われる（ブレイスウェイト（Braithwaite, 1960：21–23）を参照）。従って、「仮説（hypothesis)」は、文字通り、低い命題（thesis）であり、高い命題の結合から演繹される（依存する）ものである。しかしながら、バートンは、（系譜学、系統発生学、地質学上の祖先[訳者注：descent：下降する]）を表現する際に極めてよく知られている）逆のイメージを採用し、下部構造（substruction）を「特定のタイプのセットについて、それらが位置する属性空間を見つける手続き、そして、それらの形成において暗黙のうちに用いられる削減（reduction）」と定義する（Barton, 1955：50）。言い換えれば、バートンは、基礎的な、慣例的には「高い」次元の探索を下部構造と呼ぶ。そこで、暗に、属性空間の「上部構造（superstruction）」（私自身の用語であり、バートンのものではない）は、所与の一般的な属性空間について、そこに位置する、より特定の、慣例的には「低い」タイプのセットを見つける手続きに相当するだろう（バートンは、「上部構造」の種類の一つを「削減」と呼び、その理由は、主に、所与の属性空間において見つかるタイプの数が、ここでは属性空間の各次元において入手可能な正確さが最大限に用いられる場合に見つかる数よりも減らされるからである）。しかしながら、「下部」と「上部」——構造——（そして、「削減」）というようなあいまいな方向的な意味合いが解決されれば、それらは、各々論理的帰納と演繹に言及していることが明らかであろう。ゼターバーグは、バートンが属性空間「削減」と呼ぶものを「理論的命題から普通の命題を抽出し」、「用語を分解する」と言い、バートンが属性空間「下部構造」と呼ぶものを「一つの用語を別の用語に包含すること」という（Zetterberg, 1963：21-25）。

(18)　この議論と（演繹的、確率的、機能的、目的論的、あるいは、発生起源的な説明が論じられている）ネーゲル（Nagel, 1961：20-26）の議論を比較してほしい。私自身の見解は、後者の三つをまとめて因果的戦略の変異、そして、前者を類型的戦略として分類する。実在論者、唯名論者、そして慣例主義者（conventionalist）の解説についてはワトフスキー（Watorfsky, 1968：257-276）を参照。

（19）共変関係、因果の方向、そして非擬似性を観察する方法の議論、また、社会学者によって現在用いられているいくつかの説明については、スティンチコム（Stinchcombe, 1968：33-37）を参照。多変量の因果的理論を評価するときのパス解析あるいは依存分析については、ダンカン（Duncan, 1966：1969）、ブードン（Boudon, 1968）、ランド（Land, 1969）、そして、ハイス（Heise, 1969）を参照。

（20）ボームによれば、少なくとも物理学では、（一つの物を他の物と組み合わせることを可能にする属性――すなわち、上記の組成的な戦略によって明らかにされる属性――を含む）「物の属性」の研究は、それらの物の原因の研究に基礎を置く。「物事が特定の過程、取り扱い、反応などを経験した後で、物事が発達させる新しい特性の予測を可能にする因果的な関係が存在する（Bohm, 1961：13）」、そして、「原子運動の法則を研究することによって、大規模なレベルの物の法則と特性に関する多くの種類の近似的な予測を行い、このように、大規模なレベルに関する私たちの理解と統制を高めることが可能になる（Bohm, 1961：145）」。

（21）以下の例は、概略はマックス・ウェーバーの議論にもとづいている（Weber, 1946：204-214；1947：329-341, 363-386）。

（22）ボームもまた分類戦略を科学の歴史の初期に位置付ける（Bohm, 1961：15）。

（23）ゼターバーグによる「分類学的アプローチ（Zetterberg, 1963：5-8）」の議論とカプラン（Kaplan, 1964：50-53）を参照。

（24）デュルケームによる「形態学的」「因果（関係）学的（aetiological）」分類の間の区別

(Durkheim, 1951：145-148, 277-278) について参照。これらは、私がここで分類戦略の未発達なバージョンと成熟したバージョンと呼ぶものと一致するように思われる。

(25) 表記のための概念と実質的な概念に関してカプラン (Kaplan, 1964：49) を参照。

(26) キャンベルは、分類戦略の効用に関してこの点を強調する。「実際の検証手続きにおいて、しばしば、(異なる現象の属性における) 類似性と共通運命 (common fate) (すなわち、異なる現象の共変可能性) の基準との間の反復が存在し、そこでは、観察された類似性の次元が仮定されたグループ分けを提供し、そして、それが共通運命の様々な次元における集団内部の類似性について検証されるのである (Campbell, 1958：21)」。言うまでもなく、誤差の危険性、特に、誤差の永続化の危険性もまた分類戦略に関連する。クーンを参照 (Kuhn, 1964, 特に 91-109)。

(27) 常にそうであるというわけではない。それは、(寛大に)「記述的」と呼ばれるという研究もあるからである。それらの研究は、因果的や組成的な調査結果を、非体系的な方法で一見したところ、気づかずに列挙するだけなのである。

(28) カプランは、「範囲 (range)」と「範囲 (scope)」を同義の拡張としてよりもむしろ異義の拡張として定義する。最も簡潔な形式では、カプランは、「範囲 (range)」という用語を説明項あるいは独立変数に適用し、「範囲 (scope)」という用語を被説明項、あるいは従属変数に適用する (Kaplan, 1964：94-95、しかし、明らかに「範囲 (range)」の異なる用法、そして、明らかに「範囲 (scope)」と同義の「説明的な骨組」の用法については、299-300を参照のこと)。ポパーによる「範囲 (range)」の用法もまた異なるものである。「言明が現実に与える『範囲』は、いわば、それが現実に与える『自由活動』の量（あるいは、自由度）である。範囲と経験的内容は逆の（あるいは相補的な）概念である（Popper, 1961：124）」。
(29) 同様な見解についてブラロック（Blalock, 1969：142）を参照。
(30) カプランは、理論の「抽象性」を「理論的用語を観察可能な用語につなげる還元（reduction）連鎖の長さ」と呼ぶ（Kaplan, 1964：301）。
(31) ヘンペル（Hempel, 1952：37-50）を参照。
(32) ゼターバーグも範囲と抽象性のレベルの間の関係については曖昧であるようにみえる。まず、彼は、「情報価値」の高い命題と低い命題（すなわち、「理論的」命題と「通常の」命題）を区別する。「命題の情報価値が高ければ高いほど、それが説明できる出来事の多様性が大きくなる（Zetterberg, 1963：21）」。彼は、（個々の概念のレベルにおいて）「是認」「尊重」そして「序列」が「評価」よりも情報価値が低いという例を示す（Zetterberg, 1963：21-22）。これは、ゼターバーグの「情報価値」を本書で用いられている「抽象レベル」に類似させるようにみえる。そして、彼は、範囲が広い調査と範囲が狭い調査を区別する。「『範囲』とは、特定の調査において代表されるデータのすべての源泉のうちの割合を私は意味する」。例示すると、ゼターバーグは、「理論が限定された母集団においてだけ妥当であると主張するが、特定の調査の範囲が拡張されると、その理論が反証される（Zetterberg, 1963：52）」例として、「すべてのハクチョウは白である」という理論に対してオーストラリアの黒いハクチョウの発見が与えるインパクト（Zetterberg, 1963：52）を引用する。これは、ゼターバーグの「範囲」を、「実体的範囲」ではなくても、少なくとも本書で用いられている「空間―時間的範囲」に類似させるようにみえる。しかし、ゼターバーグは、「情報価値」と「範囲」との間の可能な関係については論じないので、彼もまたこの問題を未解決なままにする。ゼターバーグは、情報価値がある「命題」と範囲がある「調査」について実際に論じ、情報価値が「出来事」に言及し、「範囲」が「データ」に言及すると述べる。これらの区別は、それら自体が詳細に説明できないものであり、曖昧さを減少させるようには思われない。ミルズは、「抽象化された経験主義」と「グランド理論」を識別する時に、同様に、抽象性のレベルと範囲に関して曖昧である（Mills, 1959：特に124-125）。

（33）従って、複雑な理論を一つ以上のそれらの論理的含意の検証（Zetterberg, 1963：75-76）によって確証することは、「自然は論理的である」という想定に完全に依存する。しかし、ボームの「自然の質的な無限性」の原則は、自然はまた非論理的であるかもしれないということを意味する。「事実の構造の上に言語の構造（を地図作成すること）」については、ワトフスキー（Wartofsky, 1968：特に134-139）を参照。科学的言語の特徴としての「準拠、抽象、そして構造」の議論については、ワトフスキー（Wartofsky, 1968：124-134）を参照。

（34）デュルケームは、「日常的な言語の言葉」が「常に一つの意味以上の解釈が可能である」ということで批判し、「それらをそれ以上の定義なしにそれらの容認された方法で使う学者は、重大な誤解を招く危険性がある。それらの意味があやふやなので、事例によって変化し、その説明が必要になるが……非常に異なる種類の事実のカテゴリーが同じ表題のもとに無制限に組み合わされる、あるいは、類似する現実が別に名付けられる（Durkheim, 1951：41）」と警告した。

(35) ブレイスウェイトは「文の意味を考えずに（Braithwaite, 1960：23）」と述べる。

(36) 数学的言語と密接に関係する第三の理論的言語、すなわち、グラフィックについてはここでは論じないが、ボールディング（Boulding, 1963）、およびスティンチコム（Stinchcombe, 1968）を参照。

第7章　結　論

序文において述べられた本書の可能な利用法のうちの二つを思い出し、そして、詳しく述べるのも価値あることのように思われる。序文では、とりわけ、①本書が特定の科学的領域内部、そして、そのようなすべての領域間の両方において、研究を分類する枠組みを提供し、②特定の研究内部において諸部分を構築し統合することを手助けできるだろうと提案した。これらの主張を、まず、ここでは図1-1の一般的な議論、そして、理論の次の議論に関連づけて考察しよう。

まず、図1-1によって、特定の領域における多種多様な可能な問題[1]、研究、そして、専門化の論理的構造は、体系的に分化されているだろう。すなわち、図1-1は、そのような諸構造は、図に示されている情報構成要素、方法論上の統制、あるいは、情報変換（あるいは、実際には、そのような要素の一つの側面）のどれか一つだけに焦点を合わせるものからこれらの要素の可能な組み合わせまでと多岐にわたると私は提案する。しかし、この非常に多様な問題、研究、そして、専門化構造（specialization structures）が要約され単純化される諸要素を特定することによって、図1-1は、それらの間の類似性と差異を分析するのに役立つだろう。図1-1の諸要素を使って、例えば、雑誌に掲載される論文や会合で報告される論文の分析によって、全体の領域の（実体的とは区別して）形式的「プロフィール」と呼ばれるようなものにコード化することが想像できるだろう。特定の領域のプロフィールにおける変化、いくつかの領域のプロフィール間、あるいは、一つの領域内部の科学者間、あるいは、いくつかの「学派」間などの類似性と差異を分析できるだろう。

一般的には、図1－1をこのように利用すれば、社会学や科学史における多種多様な質問に答える手助けになるだろう。例えば、領域への形式的な注目に関連して進化パターンがあるか。もしそうならば、このパターンはその領域の実体的な進化と並行するものなのか。特定の領域の形式的なプロフィールに対する社会構造的（例えば、人員補充、訓練、財政的支援、威信のハイアラキー、コミュニケーションネットワークなどの）影響は何か、そして、特定の領域の形式的なプロフィールの結果は何か？　形式的に異なる種類の「危機」「革命」「偶然の（serendipitous）出来事」が起こる可能性が高いのはいつか、そして、それはなぜかなどである。(2)

第二に、図1－1は、また、研究をデザインする際に個人の研究者にとっての一連の指針として役立つだろう。従って、特定の経験的一般化の発達を探索する研究をしようと決定するならば、図1－1が注意すべき方法論上そして情報上の問題の種類を指摘し、それぞれに割り当てられるべき直接の関わりの程度を示すだろう。研究者が焦点となる実体的領域を定義した後、特定の調査による多分最も重要な決定は、研究者の研究課題の形式的な側面、そしてその提案された解決への道筋を特定することである。

この種の決定は、調査が完了した時のプレゼンテーションの基本的な形式だけでなく、調査のより詳細なデザインへの指針となる。例えば、検証が行われる前に遂行すべき各方法論上の統制と各情報変換を慎重に予測することによって、研究者が最大限に検証可能な方法で仮説を定式化できるのである。[3] 研究者は、実際に使用するずっと前に、適切な道具、母集団、サンプル、尺度、そして測定手続きをどのように選択するか考案することができる。そして、経験とともに、調査作業の各段階、そして、全体の取り組みの工程表を見積もることができる。加えて、研究者は、調査が完了する時点を予測し認識することができる（この後者は、非常に重要な実質的な決定である。それは、すべてのことが関係すると想定すると「小さな問題」から始めることも可能であるが、終了を決めないで、無期限に様々な調査結果を辿ることが可能である）。しかし、恐らく、すべての中で最も重要なのは、全体としての科学的過程の一般的構造、そして、いつくかの構成要素と統制の一般的構造は比較的明確であるだけでなく、科学者の間で普遍的に理解されているので、各研究者が研究仲間からの批判を予想できることである。このようにして、科学的批判は、科学的な自己批判にもなるのである。

図1－1の一般的説明に続いた議論（第六章）は理論に焦点を絞っているが、その議論には、ちょうど上記で論じたものと類似する二つの利用法があるだろう。すなわち、それらの議論は、

特定の実体的領域内部、そして、多くのそのような領域間の理論を分類するだけでなく、また、特定の理論の諸部分や諸次元を構築し統合する手助けにもなる。従って、異なる実体的領域、異なる時期、異なる社会構造の特徴の存在の下で、階層型、あるいは、連鎖型の理論が優位を占めるのかという問いを立てられるだろう。より一般的には、ここで論じられた理論の主要な形式的次元のすべて（内部構造、範囲、抽象性のレベル、簡潔性、そして言語を含むもの）の中では、および、それらと社会構造的要因の間では、どんな経験的関係が主流であるのか。異なる領域、異なる時期、異なる社会構造的な特徴の下で、異なる説明的―予測的戦略が選択される頻度はどのようなものか。もしあるとすれば、これらの戦略は経験的に本書で論じられた理論の形式的次元とどのように関係するのか。さらに、いくつかの理論を分析せずに、特定の理論を構築する時には、本書で論じられた理論の形式的側面が意識的な選択のための便利なリストとして役立つだろう。すなわち、その理論は連鎖型、あるいは、階層型のどちらの構造を持つべきか。その範囲と抽象性のレベルはどのようにすべきか。それはさらに簡潔にできるか。それには、どんな言語を使うべきか。

本書の潜在的な有用性についての上記の主張は、その明示的な図式的性質にもとづくものである。しかしながら、これから、それらの性質を科学的過程における「創造性」「想像」「芸術」

「直観」という非図式的な要素に関するコメントによって加減することが重要である。カプランは、科学の「使用中の論理」と「再構成された論理」を識別する時に、私が本書で提示してきたような明示的な図式的見解の創造的精緻化への一つの手がかりを提供する。前者は、「科学者によって実際に使われているもの」であり、後者は「科学の論理を理念化し、もしそれが抽出され洗練されるなら、それはどんなものなのかを示すものである（Kaplan, 1964：10, 11）」。これら二つの論理を論じる際に、カプランは、上記の創造的精緻化への一つの指針を提案する。

使用中の論理は、法則がその場ですぐに特定のやり方で使用できるように、十分な閉包（closure）を提供する脈絡に依存する。再構成された論理では、もし閉包を完成させるために「他の条件が同じなら」という節を挿入するならば、定式化は十分に特定されたものになる。……制限を与える節における不確実性は、抽象化することによって達成される形式的な閉包に対して私たちが支払う代償である……もし気体の法則について学ぶ学生がなぜ十分に低い温度で気体が完全に消失しないのかと尋ねる時、それは質量保存の法則を破ることになるが、絶対零度の近くでは、気体の法則はもはや同じ近似度で適用しないことをその学生に明らかにすることが適切である（Kaplan, 1964：95–96）。

従って、少なくともあらゆる図式の創造的な適用の始まり――本書で提示したものを含む――を提供するのは、脈絡への訓練された注目である(5)。

最後に、本書の冒頭で述べたことを強調する。すなわち、科学的過程は、人間の経験の世界に関する言明を生み出し、その真偽を検証する一つの方法でしかない。いつなん時でも科学的過程が確証した一つの特定の言明は、他の方法によって、その時に、確証された諸言明と、おおむね同じくらい真であるだろう。とにかく、科学によって確証された言明が実際に真であるかどうかにかかわらず、それらが真であるという私たちの信念は、暫定的なままでなければならない。カール・ポパーは雄弁に語る。

> 科学的客観性への要求は、あらゆる科学的命題はいつまでも一時的なままでなければならないことを必然的なものにする。……人を科学者にするのは、科学者が知識を所有すること、あるいは、反論できない真実ではなく、真実への持続的で無謀ではあるが重大な探求なのである（Popper, 1961 : 280-281）。

そして、その探求においては、

私たちは、自分たちの経験を偶然見出すわけではないし、それらの経験が小川のように私たちを越えて流れるわけでもない。むしろ、私たちは能動的でなければならない。私たちは、自分たちの経験を「形成」しなければならない。自然に対して提示する質問を常に定式化するのは私たちである。「はい」か「いいえ」という明確な答えを導き出すために何度も何度もこれらの質問を提示するのは、私たちである（というのは、決断を迫られなければ、自然は答えを与えないからである）。そして、結局は、回答するのも私たちであるし、厳しい調査の後で、私たちが自然に提示した答えを決定するのも私たち自身である（Popper, 1961：280）。

科学においては（日常生活のように、）物事は見えていると信じられねばならないし、信じられるように見えていなければならない。そして、質問は、尋ねられる以上は、すでに少々答えられていなければならない。

注

（1）社会学における情報上の問題と問題を見つけることのいくつかの側面についての議論は、マートン（Merton, 1959：ix-xxxiv）とグリア（Greer, 1969：8-18）を参照。方法論上の問題のいくつかの側面についての議論は、ラザースフェルド（Lazarsfeld, 1959）とカプラン（Kaplan, 1964：23-29）を参照。

（2）クーンは全体としての科学的パラダイムにおける危機の革命的なインパクトについて論じ、「パラダイム」に関する彼の最も明示的な定義は、その構成要素として「法則、理論、応用、そして道具化（kuhn, 1964：10）」を特定するが、彼はこの特定についてそれ以上論じていないし、異なる構成要素から生じる異なる種類の原因、発達順序、そして、結果について分析していない。しかしながら、ポパーは、少なくとも一種類の危機について論じる。彼は、「二つの理論の結果が応用のすべての領域においてほとんど違わないので、私たちの測定において達成できる精密さの程度が十分に高くないという事実によって、計算された観察可能な出来事の間の非常に小さな差異を発見できない」時に、「まず測定の技術を改善することなしに、実験によって、二つの理論のどちらかに決めるのは不可能である（Popper, 1961：124）」と論じる。そして、カプラン（Kaplan, 1964：135）は、「道具の発明は通常新しい時代を（作ることはなくても）示してきた」と賛成してジェヴォンズから引用する。従って、新しい道具化によって解決される危機もあれば、新しい理論、あるいは、新しい尺度や測定技術などによって解決される危機もあるように思われる。

（3）例えば、スティンチコムは、「科学のために理論を構築するために、私たちは、事実に対して理論を検証するための論理的必須条件について考えておかねばならない（Stinchcombe, 1968：15）」と述べる。また、ブラロック（Blalock, 1969：8）も参照。

（4）私は、極端に公式化され、科学的過程を合理的であるようにまとめ上げる表現に対して、説得力を持って反論するダイアナ・クレーン（Diana Crane：私信）の見解に恐らく完全に従うわけではないが、彼女に負うところが多い。

（5）（公私の種類の）脈絡の差異への感受性は、事後の、特定の研究の報告された公式化と、進行中になされるその実際の公式化の間の対照の原因でもある。マートンは以下のように指摘した。「科学の記録は、それが現在の科学的知識、あるいは、科学的研究がどのように発達するのかに関する歴史的な理解の向上に貢献することが意図されるのかによって必然的に異なるだろう。……ここで強調されるべきことは、実際の調査過程を言い繕うこの行為は、思考が人間の脳の恩恵を受けずに発達し、調査が人間の手の恩恵を受けずに行われることを意味する、報告の受身の用語と形式を要求する科学出版物の慣習によって主に起こるのである（Merton, 1967：5-6）」。そして、カプラン（Kaplan, 1964：53）は、「論理的な論文に報告されているような科学的手続きの一見した単純さほど人の目を欺くものはない」と述べたデューイを引用する。

参考文献

Asch, Solomon E. 1958. "Effects of Group Pressure Upon the Modification and Distortion of Judgements." In *Readings in Social Psychology,* edited by Eleanor E. Maccoby, Theodore M. Newcomb, and Eugene L. Hartley. New York : Holt, pp. 174-183.

Bales, Robert F. 1950. *Interaction Process Analysis.* Cambridge, Mass. : Addison-Wesley（ロバート・F・ベイルズ著、友田不二男編、手塚郁恵訳、一九七一『グループ研究の方法』岩崎学術出版社）.

Barton, Allen H. 1955. "The Concept of Property-Space in Social Research." In *The Language of Social Research,* edited by Paul F. Lazarsfeld and Morris Rosenberg. Glencoe, Ill. : The Free Press, pp. 40-53.

Bergmann, Gustav. 1957. *Philosophy of Science.* Madison, Wis. : The University of Wisconsin Press.

Black, Max. 1967. "The Justification of Induction." In *Philosophy of Science Today,* edited by Sidney Morgenbesser. New York : Basic Books, pp. 190-200.

Blalock, Hubert M. Jr. and Ann Blalock. 1968. *Methodology in Social Research.* New York : McGraw-Hill.

Blalock, Hubert M. Jr. 1969. *Theory Construction.* Englewood Cliff, N.J. : Prentice Hall.

Bohm, David. 1957. *Causality and Chance in Modern Physics.* London : Routledge and Kegan Paul. Reprint. New York : First Harper Torchbook Edition, 1961.

Boudon, Raymond. 1968. "A New Look at Correlation Analysis." In *Methodology in Social Research,* edited by Blalock, Hubert M. Jr. and Ann Blalock. New York : McGraw-Hill.

Boulding, Kenneth E. 1962. *Conflict and Defense.* New York : Harper and Bros. Reprint. New York : First Harper Torchbook Edition, 1963（ケネス・E・ボールディング著、内田忠夫・衛藤瀋吉訳、一九七一『紛争の一般理論』ダイヤモンド社）.

Braithwaite, Richard Bevan. 1953. *Scientific Explanation.* Cambridge : Cambridge University Press. Reprint. New York : First Harper Torchbook Edition, 1960.

Campbell, Donald T. 1958. "Common Fate, Similarity, and Other Indices of the Status of Aggregates of Person as Social Entities." In *Behavioral Science,* Vol. 3, pp. 14-25.

Carnap, Rudolf. 1966. *Philosophical Foundation of Physics.* New York : Basic Books（ルドルフ・カルナップ著、マーチン・ガードナー編、沢田允茂・その他訳、一九六八『物理学の哲学的基礎——科学の哲学への序説』岩波書店）.

Costner, Herbert L., and Robert K. Leik. 1964. "Deductions from 'Axiomatic Theory'." In *American Sociological Review,* Vol. 29. No. 6. December, pp. 819-835.

Crane, Diana. 1972. *Invisible Colleges : Diffusion of Knowledge in Scientific Communities.* Chicago : University of Chicago Press（ダイアナ・クレーン著、岡沢和世訳、津田良成監訳、一九七九『見えざる大学——科学共同体の知識の伝播』敬文堂）.

Douglas, Jack D. 1967. *The Social Meaning of Suicide.* Princeton, N. J. : Princeton University Press.

Dubin, Robert. 1969. *Theory Building.* New York : Free Press.

Dumont, Richard G. and William J. Wilson. 1967. "Aspects of Concept Formation, Explication, and Theory Construction in Sociology." In *American Sociological Review,* Vol. 29. No. 6. December, pp. 985-995.

Duncan, Otis Dudley. 1961. "Socioeconomic Index for All Occupations." In *Occupations and Social Status,* edited by A. J. Reiss, Jr. New York : Free Press.

Duncan, Otis Dudley. 1969. "Contingencies in Costructing Causal Models." In *Sociological Methodology* 1969, edited by Edgar F. Borgatta. San Francisco : Jossey-Bass. pp. 74-112.

Duncan, Otis Dudley. 1966. "Path Analysis : Sociological Examples." In *American Journal of Sociology,* Vol. 72, July, 1966, pp. 1-16.

Durkheim, Emile. 1951. *Suicide.* New York : Free Press（エミール・デュルケーム著、宮島喬訳、一九八五『自殺論』中央公論社）.

Durkheim, Emile. 1938. *The Rules of Sociological Method.* Chicago : University of Chicago Press. Reprint. First Free Press Paperback, 1964（エミール・デュルケム著、宮島喬訳、一九七八『社会学的方法の規準』岩波書店）.

Feigl (p 76), Herbert. 1953. "Notes on Causality." In *Readings in The Philosophy of Science,* edited by Herbert Feigl and May Brodbeck. New York : Appleton-Century-Crofts, Inc. pp. 408-418.

Gibbs, Jack P. 1966. "Suicide." In *Contemporary Social Problems,* edited by Robert K. Merton and Robert A. Nisbet. 2nd ed. New York : Harcourt, Brace and World.

Gibbs, Jack P. 1968. *Suicide.* New York : Haper and Row.

Glaser, Barney G. and Anselm L. Strauss. 1967. *The Discovery of Grounded Theory.* Chicago : Aldine Publishing Co.（B・G・グレイザー A&L・ストラウス著、後藤隆・大出春江・水野節夫訳、一九九六『データ対話型理論の発見――調査からいかに理論をうみだすか』新曜社）.

Greer, Scott. 1969. *The Logic of Social Inquiry.* Chicago : Aldine Publishing Co.

Guttman, Louis. 1950. "The Basis for Scalogram Analysis." In *Measurement and Prediction,* edited by Samuel

A. Stouffer, et al. Princeton, N. J. : Princeton University Press.

Hanson, Norwood Russell. 1967. “Observations and Interpretations.” In *Philosophy of Science Today,* edited by Sidney Morgenbesser. New York : Basic Books. pp. 89–99.

Hatt, Paul K. and C. C. North. 1947. “Jobs and Occupations : A Popular Evaluation,” *Opinion News,* September, pp. 3–13.

Heise, David R. 1969. “Problems in Path Analysis and Causal Inference.” In *Sociological Methodology* 1969, edited by Edgar F. Borgatta. San Francisco : Jossey–Bass. pp. 38–73.

Hempel, Carl G. 1965. *Aspects of Scientific Explanation.* New York : Free Press.

Hempel, Carl G. 1952. “Methods of Concept Formation in Science.” In *International Encyclopedia of Unified Science.* Chicago : University of Chicago Press.

Homans, George C. 1950. *Human Group.* New York : Harcourt, Brace and World.

Kaplan, Abraham. 1964. *The Conduct of Inquiry.* San Francisco : Chandler Publishing Company.

Kuhn, Thomas S. 1962. *The Structure of Scientific Revolutions.* Chicago : University of Chicago Press. Reprint. First Phoenix Edition, 1964（トーマス・クーン著、中山茂訳、一九七一『科学革命の構造』みすず書房）.

Land, Kenneth C. 1969. “Principle of Path Analysis.” In *Sociological Methodology* 1969, edited by Edgar F. Borgatta. San Francisco : Jossey–Bass. pp. 3–37.

Lazarsfeld, Paul F., and Morris Rosenberg, eds. 1955. *The Language of Social Research.* Glencoe, Ill : The Free Press.

Lazarsfeld, Paul F. 1959. “Problems in Methodology.” In *Sociology Today,* edited by Robert K. Merton, Leonard Broom, and Leonard S. Cottrell. New York : Basic Books.

Lazerwitz, Bernard. 1968. "Sampling Theory and Procedures." In *Methodology in Social Research,* edited by Hubert M. Blalack, Jr. and Ann. B. Blalock. New York : McGraw-Hill.

Malinowski, Bronislaw. 1948. *Magic, Science, and Religion and Other Essays.* Glencoe, Ill : The Free Press（ブロニスラフ・マリノフスキー著、宮武公夫・高橋巖根訳、一九九七『呪術・科学・宗教・神話』人文書院）

Merton, Robert K. 1959. "Notes on Problem-Finding in Sociology." In *Sociology Today,* edited by Robert K. Merton, Leonard Broom, and Leonard S. Cottrell. New York : Basic Books. pp. ix-xxxiv.

Merton, Robert K. 1967. *On Theoretical Sociology.* New York : The Free Press.

Merton, Robert K. 1957. *Social Theory and Social Structure.* Rev. and enlarged. Glencoe, Ill : The Free Press（ロバート・K・マートン著、森東吾・森好夫・金沢実・中島竜太郎訳、一九六一『社会理論と社会構造』みすず書房）.

Mills, C. Wright. 1959. *Sociological Imagination.* New York : Oxford University Press（ライト・ミルズ著、鈴木広訳、一九六五『社会学的想像力』紀伊國屋書店）.

Montague, William Pepperell. 1925. *The Ways of Knowing.* New York : Macmillan.

Nagel, Ernest. (1932.) "Measurement." Erkennitis, II Band, Heft 5. Reprinted in *Philosophy of Science,* edited by Arthur Danto and Sidney Morgenbesser. Cleveland : World Publishing Co., 1960, pp. 121-140.

Nagel, Ernest. 1967. "The Nature and Aim of Science." In *Philosophy of Science Today,* edited by Sidney Morgenbesser. New York : Basic Books. pp. 3-13.

Nagel, Ernest. 1961. *The Structure of Science.* New York : Harcourt, Brace and World, Inc.

Popper, Karl R. 1961. *The Logic of Scientific Discovery.* New York : Science Edition（カール・R・ポパー著、大内義一・森博訳、一九七一『科学的発見の論理』恒星社厚生閣）.

Quine, Willard V. 1967. "Necessary Truth." In *Philosophy of Science Today,* edited by Sidney Morgenbesser. New York : Basic Books. pp. 46–54.

Scheffler, Israel. 1957. "Explanation, Prediction, and Abstraction." In *The British Journal for Philosophy of Science,* Vol. VII, No. 28. Reprinted in *Philosophy of Science,* edited by Arthur Danto and Sidney Morgenbesser. Cleveland : World Publishing Co., 1960, pp. 274–287.

Sherif, Muzafer. 1958. "Group Influences Upon the Formation of Norms and Attitudes." In *Readings in Social Psychology,* edited by Eleanor E. Maccoby, Theodore M. Newcomb, and Eugene L. Hartley. New York : Holt. pp. 219–232.

Stevens, S.S. 1946. "On the Theory of Scales of Measurement." In *Science,* Vol. 103. No. 2684, pp. 677–680.

Stinchcombe, Arthur L. 1968. *Constructing Social Theories.* New York : Harcourt, Brace and World.

Wartofsky, Marx W. 1968. *Conceptual Foundation of Scientific Thought : An Introduction to Philosophy of Science.* New York : Macmillan.

Watson, W. H. 1938. "On Methods of Representation." From *On Understanding Physics.* Cambridge (England) : University Press. Reprinted in *Philosophy of Science,* edited by Sidney Morgenbesser. Cleveland : World Publishing Co., 1960, pp. 226–244.

Webb, Eugene J., Donald T. Campbell, Richard D. Schwartz, and Lee Sechrest. 1966. *Unobtrusive Measures.* Chicago : Rand McNally and Co.

Weber, Max. 1946. *From Max Weber : Essays in Sociology.* New York : Oxford University Press.

Weber, Max. 1947. *The Theory of Social and Economic Organization.* New York : Free Press.

Wilson, William J. and Richard G. Dumont. 1968. "Rules of Correspondence and Sociological Concepts." In *Sociology and Social Research,* Vol. 52, No. 2, January, pp. 217–227.

Zetterberg, Hans L. 1954. *On Theory and Verification in Sociology.* Stockholm : Almqvist and Wiksell.

Zetterberg, Hans L. 1963. *On Theory and Verification in Sociology.* Rev. Totowa, N. J. : Bedminster Press.

Zetterberg, Hans L. 1966. *On Theory and Verification in Sociology.* 3rd ed., enlarged. Totowa, N. J. : Bedminster Press（ハンス・ゼターバーグ著、安積仰也・金丸由雄訳、一九七三『社会学的思考法――社会学の理論と証明』ミネルヴァ書房）.

訳者解説

渡辺　深

ここで本書の内容についての解説を行う。ワラスの詳細で緻密な議論の理解を助けるために、ワラスの使用した表現を用いて、他の研究も適宜活用しながら、できるだけ簡単に要約し、その議論の骨子を提示するのが本解説の目的である。屋上屋を架すの感があるが、読者の理解の一助になることを意図するものである。

この解説には本書全体の構成に沿って多数の小見出しを付けた。小見出しは、ワラスの世界を案内する道しるべとして活用してもらいたい。特に、理論の構造に関しては、ターナー（Turner, 2003）の図を用いて理論の具体的なイメージを描いた。本書によって社会学の理論化と経験的調査、理論の構築と適用を理解してもらえればと思っている。

1 序文

科学と三つの選択肢

科学とは、「人間の経験の世界における出来事についての言明を生み出し、その真偽を検証する一つの方法」と定義される。ワラスは、本書の結論では、科学が「人間の経験の世界に関する言明を生み出し、その真偽を検証する一つの方法でしかない」とも定義している。それは、科学以外にも三つの方法が存在するからであり、それらの方法は、「権威主義的」「神秘的」「論理―合理的」方法であると論じる。科学を含めて、全体で四つの方法を区別する三つの次元は、言明の生産者（誰がそう言うのか）、言明が生み出される手続き（どのようにして知るのか）、言明の結果（それがどんな違いを生み出すのか）である。表1は、四つの方法を分類する次元を示したものである。

まず、「権威主義的」方法は、特に、言明の「生産者」という次元が重視され、その他の二つの次元はあまり重要ではない。この方法では、王のように知識について資格があると社会的に定義された人による言明が信頼されるのである。

表1 科学と３つの選択肢

方 法	権威主義的	神秘的	論理―合理的	科学的
生産者	特定の社会的位置の（超）自然的な占有者：神官，長老，大司教，王	超自然の知識豊かな権力者：預言者，霊媒，神学者，神	生産者の特性には重きが置かれない	生産者の特性には重きが置かれない
手続き	祈り，嘆願，エチケット，儀式は，追随者の信頼にとって重要ではない	個人的な「神の恵み（恩寵）を受けている状態」，儀礼的な浄化	形式論理の規則と第一原理（公理）を受け入れる根拠の提供	言明に関する観察の結果とその結果を生み出すために使われた方法への信頼
結 果	権威の失墜には多数の効果的な反証が必要	知識の神秘的根拠への信用失墜には多数の効果的な反証が必要	手続き厳守が妥当な知識を生み出すと常に想定される	結果への集合的な評価と結果を生み出す手続き（方法）の反復に大きく依存する

（出典） 筆者作成。

「神秘的」方法は、言明の「生産者」と「手続き」が重視され、言明の「結果」はあまり大切ではない。これには、霊媒のような超自然の知識豊かな権力者が特別な儀礼によって知識の消費者に神の恩寵を受ける経験をさせる状況が重要である。

「論理―合理的」方法は、「全ての人は死すべき運命にある」「ソクラテスは人である」、ゆえに、「ソクラテスは死すべき運命にある」という三段論法のように、形式論理の規則に中心を置くものであり、「手続き」のみを重視する方法である。

最後に、科学的方法とは、特定の言明に関する観察をして、その観察の結果および観察をするための方法という「手続き」、そして、その結果に対する（科学者たちの）集合的な評価とその結果を生み出した「手続き」（方法）の反復に大きく依存するものである。重要な点は、科学的方法は、科学者たちの「集合的」評価（批判など）によって「科学者個人の観点（偏り）を消滅させようとする方法」ということである。

要するに、科学的方法は、二つの基礎から成り立っている。まず、尺度構成、サンプル抽出、測定、母数の推定、論理的帰納、論理的演繹などのための規則（方法）が、科学的情報の項目を批判し、棄却し、採択するための第一の基礎である。次は、観察の結果という「究極の源泉が全ての人間の偏りから独立している要素を取り込む」という第二の基礎である。すなわち、観察するための「手続き」、および、観察の「結果」が科学的方法の二つの基礎である。

科学的過程における諸要因

科学的過程とは、表2が示すように、「五つの情報構成要素とそれらの相互への変換は六つの方法論上の統制」から構成されている。科学的過程とは、本書の1章の図1－1が示すように、訳者が「ワラスの輪」と呼ぶような循環過程である。

表2は、科学的過程における諸要因を示すものである。それらは、五つの情報構成要素（情報

表2 科学的過程における諸要因（循環過程）

5つの情報構成要素（情報項目）	6つの方法論上の統制
観　察 ⇩ 経験的一般化 ⇩ 理　論 ⇩ 仮説（経験的仮説） ⇩ 新しい観察 ⇩ 次の循環過程の開始 ⇩ 新しい経験的一般化 ⇩ 仮説の採択・棄却の決定 ⇩ 新しい理論	測定・サンプルの要約化・母数の推定 ⇩ 概念形成・命題形成・命題配列 ⇩ 論理的演繹 ⇩ 解釈・道具化・尺度化・サンプリング ⇩ 仮説と新しい経験的一般化の比較 ⇩ 仮説検証 ⇩ 論理的推論 ⇩

（出典）筆者作成。

項目）と六つの方法論上の統制である。表の左側が情報構成要素（情報項目）、右側が方法論上の統制である。左側の情報項目が矢印の方向に進み、別の情報項目に変換される段階で、右側の特定の方法論上の統制が作用している。観察から新しい観察まで進むと、循環過程が一巡し、新しい循環過程が開始される。新しい観察が新しい経験的一般化に変換されると、仮説と新しい経験的一般化が比較され、仮説を採択するか、あるいは、棄却するかという決定がなされ、その決定が理論の確証、変更、棄却を与えるのである。

本書の目的は、1章の図1-1、あるいは上記の表2に提示されている過程を説明することである。「観察」「経験的一般化」「理論」「仮

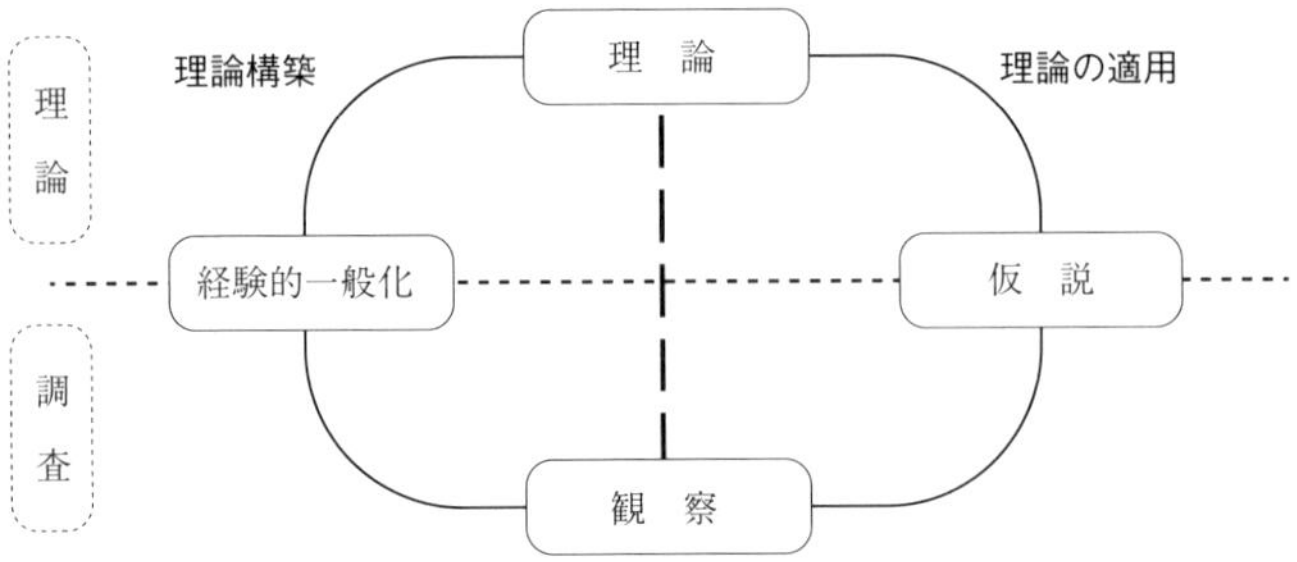

図１　理論と調査の循環

（出典）　本書図１-２をもとに筆者作成。

説」「仮説の採択・棄却の決定」という五つの情報構成要素（情報項目）と「測定・サンプルの要約化・母数の推定」「概念形成・命題形成・命題配列」「論理的演繹」「解釈・道具化・尺度化・サンプリング」「仮説検証」「論理的推論」という六つの方法論上の統制の各要因について説明する。

理論と調査

本書の１章の図１-２を簡略化したのが図１である。「ワラスの輪」は、理論と調査がいかに密接につながり、相互に影響を与える関係にあるのかを明らかにしてくれる。

この図の左半分は、「観察から論理立てる」過程を示している。観察した結果を総合化し、経験的一般化という一般形式に変換し、帰納的論理を用いて、さらに最も一般的な形式の理論に変換させる過程である。これは、「理論の（帰納的）構築」である。

図の右半分は、「観察に向かって論理立てる」過程である。理論から演繹的論理を用いて新しい仮説を導き出し、理論の概念を観察可能なものに解釈して、新しい観察を行う過程である。これは、「理論の（演繹的）適用」である。このように、図の左半分は理論構築、右半分は理論の適用の過程である。

それでは、図の上半分と下半分は何を意味するのだろうか。図の上半分は、方法として帰納的論理と演繹的論理を用いる「理論化」の過程である。下半分は、「調査法」によって経験的調査を行うことを意味している。

図の中心を上に抜ける変換上の線は、新しい仮説と新しい観察結果から一般化された新しい経験的一般化を比較し、その仮説を支持する観察結果が得られたかどうかによって、仮説を採択するか棄却するかという決定を意味している。この上下の線は、理論の構築と適用、理論化と経験的調査の実施の間に不可欠な架け橋を形成している。

要するに、図1の上半分における心の中で作られる「抽象的な」理論と、図1の下半分におけける世界についてなされる「具体的な」観察が親しい対立関係として出会い、両方にとって必然的に大きな結果が伴う。

また、図の左半分は、「探索的研究」に対応する側面であり、「新しい実質的な、あるいは、方法論的な領域を探る研究。まだ非公式的で統合されていない、理論的、仮説的、そして方法論的な議論に基礎を置く」ものである。反対に、右半分は、「仮説検証の研究」に対応する側面であり、「科学的過程のあらゆる要素において、もっと明確な、もっと公式化された、そして、もっと統合された基礎を持つ」ものである。

デュルケームの『自殺論』による例示

どのように言明の形式が図1を解説し、どのようにして科学的な言明が生み出され、その真偽が検証されるのかをデュルケームの『自殺論』をとおして例示する。

観察から理論へ

デュルケームの研究関心は、「なぜ自殺率が他の人々よりも特定の人々の間で高いのか」、すなわち、なぜ集団によって自殺率が異なるのかというものであった。

まず、彼は、実際に観察ができる現象から「自殺」という概念を解釈することから始めた。自殺を観察するために、尺度として、自殺数は比例尺度、宗派、性別、国籍などには名目尺度、暦年には間隔尺度、婚姻の地位に順位尺度を用いた。道具としては、公式文書（自殺について正確に記録したもの）を使い、サンプリングには、一九世紀の特定の年度になされた自殺を、年齢別、性別、ヨーロッパの様々な地政学的な単位から抽出した。サンプルの要約には割合、平均、合計、地図、表、グラフなどを活用し、母数の推定（サンプルが抽出された母集団の真値［すなわち、誤差の無い値］に対応する推定値の計算）には、サンプル統計（sample statistics）を母集団パラメータ（母数）であるかのように扱った。

次に、デュルケームは、様々な調査結果を総合化して、「自殺率は、カトリックとプロテスタントという宗派によって異なる」という経験的一般化として要約した。マートンは、経験的一般化を「二つ以上の変数間の関係について観察された斉一性（regularity）を要約する分離した命題」と定義している。「分離した」というのはその命題を包含する理論がまだ存在せず、命題が単体で存在することを意味している。ここでは、「同じパターンの出来事が複数の異なる研究で観察されると、そのパターンは経験的一般化として要約される」と定義すれば十分だろう。

さらに、彼は、上記の経験的一般化をさらに一般化し、抽象化して、原因である概念（説明項）と結果である概念（被説明項）を形成する。すなわち、上記の経験的一般化で述べられた命題（宗派→自殺率）を論理立てて、抽象化し、概念と概念を関係づける命題（社会的統合→逸脱行動）を形成する。実際には、デュルケームは、結果である概念（被説明項）は逸脱行動ではなく、自殺率のままであったが、ワラスは自殺率を抽象化し、帰納的に一般化し、「逸脱行動」という（理論的）概念を形成して理論的命題（社会的統合→逸脱行動）として例示する。

それでは、ここで概念形成に使われた帰納的論理（帰納法）とはどのようなものなのだろうか。帰納法とは、「特定な場合から一般的な場合を導き出す」「観察されたデータを一般化する」方法である。すなわち、複数のサンプルのデータから得られた結果がより一般的な母集団に当てはまると推論することである。例えば、観察データ1は「X_1の足は三本足である」、観察データ2は「X_2の足は三本足である」という観察結果から、「すべてのXの足は三本足である」という推論をするのが帰納法である（村上、1979：39）。すなわち、「観察から論理立てる」のである。

理論化のステップ

「自殺率は、カトリックとプロテスタントという宗派によって異なる」という経験的一般化が「自殺率は、諸個人の社会的統合によって異なる」と

いう理論的な命題に変換される過程を理論化という。デュルケームが行った理論化のステップをワラスは以下のように説明する。

「自殺率は、カトリックとプロテスタントという宗派によって異なる」という経験的一般化は、以下のステップを経て理論的な命題に変換される。

①説明項（独立変数）の形成

まず、ここでは、「宗派」――最初の経験的一般化の独立変数――だけが抽象的に概念化され、抽象的な概念の「社会的統合」に変換された。その変換は「自殺率の差を考えるときに、宗派は何の特別な事例なのか?」という問いから生じる。すなわち、「プロテスタント、カトリックであることにより、他のどんな特性を人々は持っているのか?」という問いから生じるのである（Wallace, 1969 : ix）。その答えとして、デュルケームは、宗派を「社会的統合」の特別な事例と考えた。そこで、「自殺率は、その非常に低い値から中くらいの値の範囲で、諸個人の社会的統合と反比例する」という言明を形成した。ここでは、「宗派」――最初の経験的一般化の独立変数――だけが抽象的に概念化され、抽象的な概念の「社会的統合」に変換された。

②被説明項（従属変数）の形成

今度は、「自殺率」――最初の従属変数――が抽象的な概念である「逸脱行動」に変換された。その変換は、「自殺率自体は何の特別な事例なのか?」という問いから生じる（Wallace, 1969 : ix）。ワラスは、自殺率を「逸脱行動（個人的な解体行動）」の特別な事例と考えた。そこで、「逸脱行動の出現は、その非常に低い値から中くらいの値の範囲で、諸個人の社会的統合

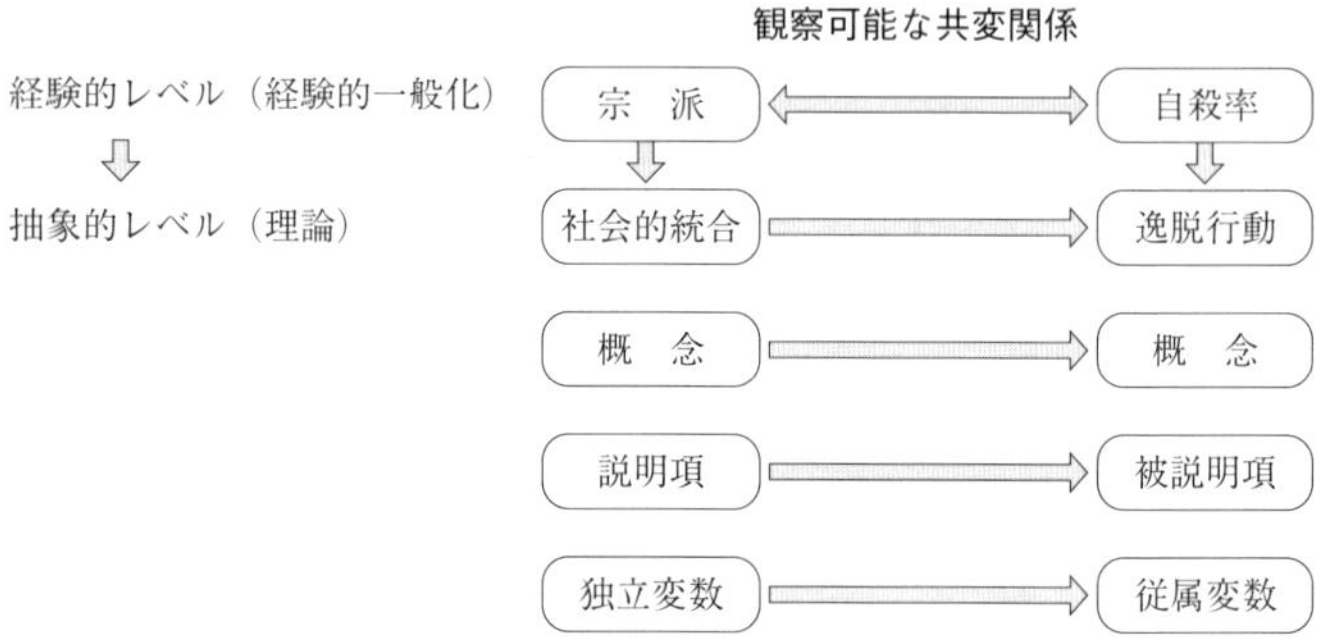

図2　経験的一般化から理論へ

（出典）　高根（1979：68）図3-4を参考にして筆者作成。

と反比例する」という言明が形成された。

③説明項と被説明項を原因と結果として関係づける

上記のステップを経て、「諸個人の社会的統合は、その非常に低い値から中くらいの値の範囲で、逸脱的行動を反比例の比率で生起させる」という言明が形成された。

図2が示すように、経験的レベルで観察された「宗派と自殺の間の共変関係（Xが変化するとYも変化する、あるいは、Yが変化するとXも変化する関係）」から抽象レベルで作成された理論としての「社会的統合と逸脱行動の間の因果関係（原因と結果の関係）」に変換されている。

公式の理論

まず、概念の定義であるが、次に提示する通りである。

(1)「逸脱行動」とは、他者によって広められた特定の行動上の規定あるいは禁止に諸個人が違反することである。
(2)「社会的統合」とは、諸個人が他者によって提供される利益と損害を客観的に受け取り、彼らが他者の社会システムに統合される程度である。

次に、命題は下記の通りである。

逸脱行動の出現を引き起こす要因は、

(1)社会的統合は、その非常に低い値から中くらいの値の範囲で、逸脱的行動を反比例の比率で生起させる。
(2)社会的統合は、その中くらいの値から非常に高い値の範囲で、逸脱的行動を正比例の比率で生起させる。

図3が示すように、社会的統合と逸脱的行動の関係はU字型の曲線を描くものである。社会的統合が非常に低い場合には、逸脱行動の生起率が非常に高くなる。反対に、社会的統合が非常に

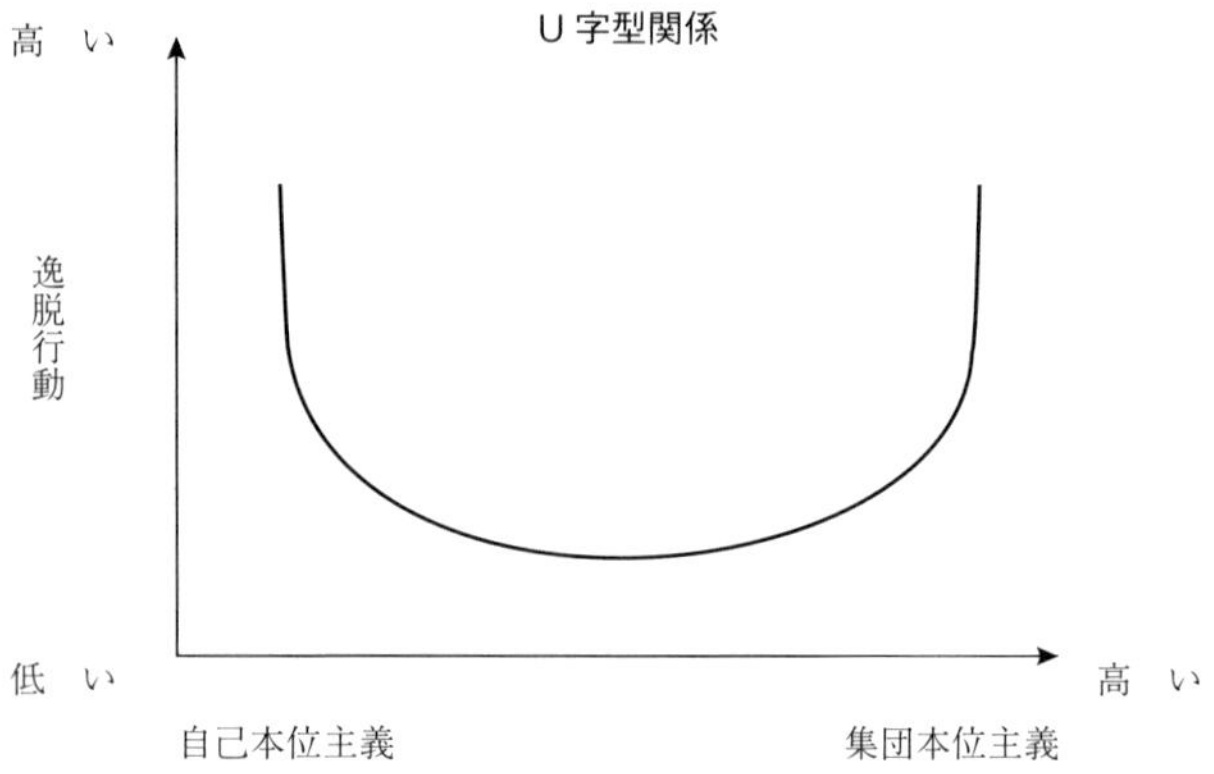

図3　社会的統合と逸脱行動の関係
（出典）Smelser & Warner（1976）図7を参考にして筆者作成。

高い場合にも、逸脱行動が非常に高くなる。前者の場合は「自己本位的自殺」、後者の場合は「集団本位的自殺」とデュルケームが呼ぶものである。自己本位的自殺は、社会的統合が低いと自殺率が高くなることを指し、反対に、集団本位的自殺は、社会的統合が過度に高いと自殺率が高くなることを意味している。

理論の適用　これまでが理論構築の過程であり、これからは理論の適用である。上記の理論から新しい仮説を導き出す過程である。

④新しい仮説の検証

ここでは、自殺以外の種類の逸脱行動の出現を説明する新しい仮説を演繹し、解釈し、検証する。ここでは、演繹的論理（演繹法）が用いられる。演繹法は、「一般から特定へ」、すなわち、理論（一般法則）を特定の場合に応用する論理である。例えば、「すべてのXの足の数は三本である」という理論から、「三匹目のX（X_3）の足の数も三本であろう」という仮説を導き出すのが演繹法である（村上、1979：45）。すなわち、「観察に向かって論理立てる」のである。

ここでの問いは、「社会的統合の特定の場合は何か？」「社会的統合の作業定義は何か？」というものである。社会的統合の差異を示す新しい概念を探し、「家族関係」において社会的統合が高い「既婚者」と社会的統合が低い「未婚者」を比較することによって、理論から導き出した「未婚者では、既婚者と比べて、自殺率が高く、他の逸脱行動の出現率も高い」という新しい仮説を検証する。新しい仮説を検証するために、新しい観察を行う。

そのために、新しい概念を直接的に観察可能な用語（作業定義）に変換、尺度化、道具化、サンプリングするために解釈する。そして、新しい観察を測定し、サンプルの要約化、母数の推定を行う。そして、新しい観察を新しい経験的一般化に変換する。最後に、新しい経験的一般化は新しい仮説と比較される。これが仮説検証である。

⑤理論（理論の確証・変更・棄却）

新しい仮説と新しい経験的一般化が比較され、その結果が「好ましいもの（観察結果が仮説を支持する場合）」であれば、「理論に対する確証が推定される」、言いかえれば、「反証が推定されない」ので、その仮説を採択するという決定がなされる。反対に、その結果が「好ましくないもの（観察結果が仮説を支持しない場合）」であれば、理論が変更されることになる。

デュルケームの自殺の研究を例示して、①説明項（独立変数）の形成、②被説明項（従属変数）の形成、③説明項と被説明項を原因と結果として関係づける、④新しい仮説の検証、⑤理論（理論の確証・変更・棄却）という過程、すなわち、理論化と理論の適用の過程を説明した。

2 観察

観察は、科学的過程のインプットでありアウトプットである。まず、探索的研究のインプットとして、現象の実態に関する記述のための観察がある。また、説明的研究のアウトプットとして、理論から演繹された仮説の検証のための観察がある。

観察するためには、まず、カメラ、カウンター、ＩＣレコーダー、紙と鉛筆による調査票、観察者の耳と記憶などの道具が必要となる。これは、「道具化」と呼ばれる。これらの道具は、私たちの感覚器官を補強し、支援するものである。

次は、「尺度化」と呼ばれるものであり、要するに、測定で用いられる尺度を考案し選択することである。測定には、何らかのものさしが必要であり、尺度化は「観察を測定することにより、具体的な観察に体系的に付けられた抽象的なシンボルのセット」と定義される。

そして、「測定」は、「一連の手続き上の規則に従ってこの尺度を適用すること」と定義される。例えば、仕事の満足度は、「非常に満足」から「非常に不満足」までの尺度を考案し、労働者の回答によって測定する。

「サンプリング」は、「観察のために観察可能なもの（観測量）のサンプルを決定すること」である。どのような方法でサンプルを収集するか、例えば、無作為抽出による確率サンプリング、あるいは、機縁法（スノーボール・サンプリング）などの非確率サンプリングを選択するかを決定するのである。確率サンプリングの場合には、調査者は、自分が予測した経験的一般化を適用したい母集団を定義するのである。

サンプルを選択し、観察をして、その結果を要約するのが「サンプルの要約化」である。サンプルデータの要約は、個々の観察のサンプルを「平均」「比率」「得点」などによって要約することである。これは、「記述統計」と呼ばれる。

最後に、ワラスは、「あらゆる科学は、普遍的な真理（特定の現象のすべての例に該当することが期待される言明）を追求するので、サンプルの要約化だけでは十分ではない。観察されたサンプルについての経験的な要約が、まだ観察されていない関心のある母集団についての経験的一般化に変換できる程度を推定しようとする」と論じる。これが「母数の推定」である。母数の推定を行う場合には、サンプルの代表性が重要になる。「代表性」とは、そのような（推論の）妥当性の条件であり、そのような一般化がなされるもととなるサンプルの無作為性である。

3　経験的一般化

命題のタイプ

上記のように、測定、サンプルの要約化、母数の推定の手続きを通して、複数の観察が経験的一般化に変換される。第一節の「観察から理論へ」で述べたことを繰り返すと、経験的一般化は、「同じパターンの出来事が複数の異なる研究で観察されると、そのパターンは経験的一般化として要約される」と定義される。そして、観察が経験的一般化に変換される論理が帰納的論理（帰納法）である。この段階では、説明理論がまだ存在しない経験的一般化である。

表3　命題のタイプ（ゼターバーグによる分類）

		経験的基礎	
		あ　り	な　し
理論的基礎	あ　り	理論的定説・法則	理論的仮説
	な　し	経験的一般化	空想・想像

（出典）筆者作成。

さらに，経験的一般化が抽象化されると，科学的法則に変換される。科学的法則は，理論から導き出すことができる不変性の言明であり，説明理論がすでに存在する経験的一般化である。従って，抽象性のレベルは，科学的法則が経験的一般化よりも高い。

表3が示すように，マートンとゼターバーグは，命題を類型化し，四つのタイプを提示する。

①理論的定説　理論的基礎と経験的基礎の両方が存在する言明，法則とも呼ばれる
②理論的仮説　理論的基礎は存在するが，経験的基礎が存在しない言明
③経験的一般化　経験的基礎は存在するが，理論的基礎が存在しない言明
④空想・想像　理論的基礎と経験的基礎のどちらも存在しない言明

表3の類型において，①理論的定説がいわゆる理論，科学的法則と呼ば

れるものであり、③経験的一般化が説明理論のない言明である。加えて、ワラスは、空想から法則への二つの発達経路を提示する。一つは、「空想―理論的仮説―法則」という経路であり、理論を発見する、あるいは、構築し、その理論から空想が新しい仮説として演繹できて、その仮説を検証し、その結果を法則としての理論に帰納するという道筋である。

もう一つは、「空想―経験的一般化―法則」という経路であり、空想が新しい事例としてその観察パターンに帰納されて、観察のパターンが構築され、さらにその結果を法則としての理論に帰納する場合である。両者とも空想という「着想」から法則という「理解」への道筋である。

ここまで複数の観察を一般化して「経験的一般化」に変換し、さらに、経験的一般化を理論化して「理論」に変換する時に用いる論理が帰納法であると述べてきたが、理論構築における帰納法の役割については論議が存在する。例えば、ポパーは「帰納的論理の考え方で活動するすべての試みに直接反対する立場を取る」ことによって、経験的一般化の理論への体系的な関わりを否定する。彼は、理論を生み出す論理は存在しないと論じる。さらに、ポパーは、「理論を生み出す論理の不在は問題ではなく、重要なのは、理論を検証する論理である」と付け加える。帰納的論理は、複数の観察の結果がすべてについて言えると主張するので、「帰納的飛躍」と呼ばれる一種の飛躍（賭け）が存在するので、論理的根拠がないと論じられる（村上、1979：46）。

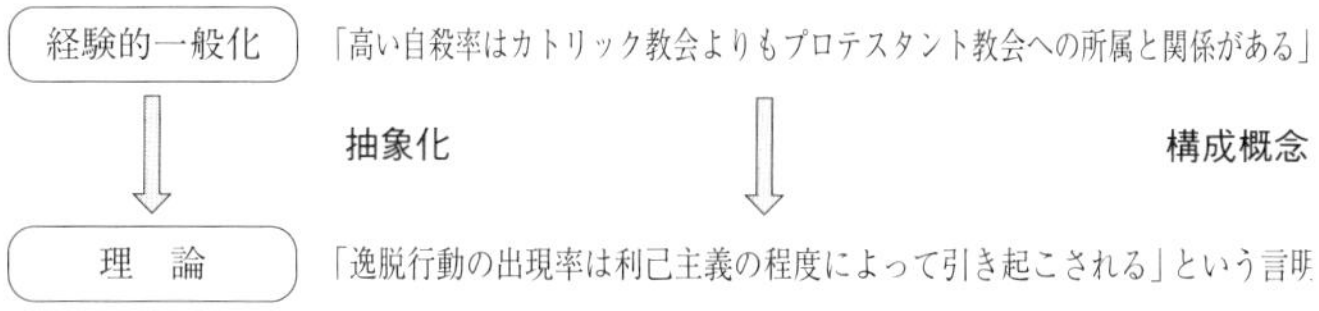

図4　概念形成と命題形成

（出典）　筆者作成。

ワラスは、帰納的論理についての意見表明はせずに、「経験的調査は、理論を確証し検証するという受動的な役割を越える」と主張する。すなわち、経験的調査は、仮説を支持する、あるいは、反証するだけではなく、理論を開始させ、再定式化し、方向を変え、明確にすると論じている。

また、予想されなかった経験的一般化によって引き起こされる「変則性」と「危機」が理論化への刺激となるというクーンの指摘もワラスによって紹介されている。発見は、変則性の意識、つまり、自然が通常科学を支配するパラダイムによって誘導される期待をどういうわけか裏切ったという認識から始まるというクーンの視点が重要である。

概念形成と命題形成

理論は、経験的一般化における用語と関係をより抽象的にすることによって、そして、観察不可能な構成概念（constructs）に言及する他の抽象的な用語を導入することによって生じる。両方の手続きは概念形成と呼ばれる。

例えば、デュルケームの研究では、経験的一般化が図4のような理論的言明に変換される。

ヘンペルは、下記のように、理論的概念の作成のための三つの異なる手続きについて説明する。

①概念の名前を付けることが、それぞれの名前や用語に含まれる観察可能なもの(observables)のすべてであり、観察可能なもののみに該当する場合

観察可能なものとは、文字通り、簡単に、直接観察できるものである。これは、操作主義(operationalism)と呼ばれ、ブリッジマン(Bridgman, 1948)によって「理論で使われる概念は全て操作的定義でなければならない」と提唱された。つまり、概念は、概念が測定されているものによって定義されているわけである。

例えば、「知能」が個人の特定のテストの特定の得点の達成として定義されれば、その個人による類似するが同一ではない他のテストの得点には、新しい概念の名前を付けなければならないだろう。すなわち、知能は知能テストが測定するものであり、それ以上でもなければそれ以下でもない。

②概念の名前を付けることが、それぞれの名前や用語に含まれる観察可能なもの

（observables）のいくつかであり、観察可能なもののみに該当する場合

例えば、異なるテストの諸得点を「知能」の観察上の指示対象として正当に加えることができるのは、それらが最初のテストの得点との相関が高いという（おそらく因子分析のようなものが提供する）証拠がある場合だけであろう。この場合には、「知能」という概念はますます理論――すなわち、相互に関係した経験的命題（empirical proposition）――に似てくる。

③概念に名前を付けることが、観察可能なものと観察可能ではないもの（nonobservable）の両方に該当する場合

例えば、「磁力」「カリスマ」のような性質、「温度、圧力、体積」「階級、地位、権力」などのように、理論において使われる複数の構成概念（construct）が導入される。構成成概念は、直接的に観察可能ではないが、観察に基づいた理論的な創造物である。知能テストは観察可能なもの（observable）であるが、観察されたものは知能という構成概念の影響と考えられる。

理論的命題は理論的概念と理論的概念の関係であり、例えば、「もし概念Xならば、概念Yである」、あるいは「Xが大きくなると、Yも大きくなる」という形式の命題であり、高度なレベルの抽象性の結果として生じる。理論的命題は、それが生み出された経験的一般化において主張

される関係の範囲よりも大きいものとなる。

4 理論

理論の機能

命題が論理的な演繹システム、あるいは、因果的連鎖に配列されると、結果として生じる構造が「理論」と呼ばれる。理論の二つの機能は、以下の通りである。

①理論は、知られている経験的一般化を説明する（科学の過去を要約する）。
②理論は、まだ知られていない経験的一般化を予測する（科学の未来に導く）。

また、理論は、一方で、経験的調査を行う前に、測定すべき要因を特定する。すなわち、概念（理論において相互に関係する諸要素）は、「何が観察されるべきなのか」についての定義（あるいは、処方）を構成する。理論は、他方で、調査がなされた後で、検証、比較、そして論理的統合という目的のために、多くの調査の知見（つまり、経験的一般化）を解釈する共通言語としての役割を果たす。

「仮説」は、過去、現在、あるいは未来の出来事について、まだなされていない観察に言及し、「予測」は、まだ起こっていない観察可能な出来事に言及する。仮説は、帰納的前提からの演繹的推論の一形式と定義される。

理論から仮説へ

それでは、仮説はどのような手順で理論から導き出されるのだろうか。ワラスは、以下の例を用いて、演繹法による手順を説明している。

まず、以下のことを主張する理論から、

①成員あたりの仲間の数の増加は、分業の増加を生み出すだろう。
②分業の増加は、連帯の増加を生み出すだろう。
③連帯の増加は、合意の増加を生み出すだろう。
④連帯の増加は、逸脱者の排除の数の減少を生み出すだろう。

以下の仮説を演繹できるだろう。

⑤成員あたりの仲間の数の増加は、逸脱者の排除の数の減少を生み出すだろう。そして、

⑥合意の増加は、逸脱者の排除の数を減少させるだろう。

その演繹された仮説が該当する経験的一般化（観察結果）と一致する程度がその科学的支持を決定する。すなわち、観察結果が仮説を支持すれば、仮説が演繹された理論の確証（verification）となる。観察結果が仮説を支持しなければ、仮説が演繹された理論の反証（falsification）となる。

仮説から観察へ

理論から仮説が導出されると、次に、仮説を検証するために観察がなされる。仮説から観察への手順は、以下の通りである。

①抽象的概念の観察可能な指標を特定（解釈）

②どのような方法でデータを集めるか（データ収集法）

③これらの指標を観察するための適切な道具を作成・選択（道具化）
④それら観察を測定するための尺度を構成・選択（尺度化）
⑤観察のための観察可能なもの（観測量）のサンプルの決定（サンプリング）

それでは、まず、解釈について説明しよう。理論的に演繹された仮説は、直接的かつ一義的に観察に導かれるわけではない。理論が観察可能な材料と関連付けられねばならない。すなわち、理論に含まれる抽象的概念のいくつかに対して観察可能な指標を見つける必要がある。例えば、「社会の分業が多ければ、同じ社会における逸脱者の排除が少ないだろう」という仮説の検証には、まず、仮説で使われている概念の名目的定義（nominal definition）を調査に使えるような用語に解釈して、操作的定義（作業定義）（operational definition）に変換する必要がある。上記の例では、「分業」という概念の操作的定義（指標）は、「職業の数」である。また、「逸脱者」の名目的定義は「社会の規範からの逸脱者の排除の程度」というものであり、その操作的定義は、「死刑、国外追放、長期刑を要求する法律の割合」である。要するに、仮説に含まれる概念が言及する観察可能なものと測定基準を特定することによって、仮説を解釈するのである。

次に、データ収集法は、面接法、郵送法、実験法、観察法、文書分析、シミュレーションなど様々なものがある。各々の方法は、独特のセットの観察道具、尺度、そしてサンプリング技術を含む。

道具化とは、観察を行うための道具を制作、準備することである。人間の感覚器官を補強する道具として、参加観察では、資料を収集する、メモを取る、写真・テープ録音によって最小限は補強されるが、裸眼で十分に訓練を積んだ目、耳、鼻なども重要な道具である。また、ソーシャル・サーベイでは、紙と鉛筆による調査票、面接のための質問紙などが道具として使用される。

繰り返すと、測定で用いられる尺度を考案し選択することが尺度化である。尺度とは、観察を測定することにより、具体的な観察に体系的に付けられた抽象的なシンボルのセットである。尺度には、下記の通り、四つのタイプがある。

①名　目　対象の関連する側面が同一であるか異なるか（同—不同）しか決定できない（例えば、回答者の人種、性別、政治的選好）。

②順　位　同—不同に加えて、対象の諸側面の間の多—少を決定することができる（例えば、社会階層（階層間の差異が「上層」「中間層」「下層」）、態度（「賛成—反対」））。

③間　隔　多—少に加えて、対象の諸側面の間の差異、あるいは、間隔における同身—不同を

決定できる（例えば、社会階層〔社会的威信〕、態度〔ガットマン尺度〕）。
④比率（比例）　先の決定の全てに加えて、対象の諸側面の比率において同一不同を決定することができる（例えば、卵、ペニー、林檎を数える時に使う尺度。絶対的なゼロが常に意味されている。人口数、出生数、死亡数、年収、年齢）。

サンプリングは、観察のための観察可能なもの（観測量）のサンプルを決定することである。調査者は、自分が予測した経験的一般化を適用したい母集団を定義する。例えば、社会の分業を研究する場合に、当該の「社会」が米国、あるいは日本なのか、十八世紀、あるいは二十一世紀の社会なのか、という問いに関係する。

サンプリング法には、確率サンプリングあるいは非確率サンプリングがある。上記のように、サンプルの要約化を行った後で、サンプルによって母集団に関する推測を行う場合には、サンプルの代表性が重要になる。

5　仮説検証

仮説の検証と反証可能性

新しい観察結果（経験的一般化）は、理論から演繹された特定の仮説と比較され、前者への後者の適合（fit）が満足できるものかどうかについて決定を行う。これが仮説の検証（テスト）である。繰り返すと、新しい観察結果が仮説と適合（支持）すれば、仮説が演繹された理論の確証として推論される（帰納される）。反対に、新しい関節結果が不適合（不支持）であれば、仮説が演繹された理論の（修正を含む）反証（falsification）として推論される（帰納される）。ポパーは、「理論の運命を最終的に決定するのは、検証の結果である」と述べている。

仮説の検証可能性について、ワラスは、下記のような類型を構成している。

ⓐ検証可能ではない仮説

これは、論理的に可能な結果を何一つ除外していない仮説であり、「すべての人間集団は、階層化されているか、階層化されていないかのどちらかである」という仮説は原則として検証可能ではない。それは、その仮説が論理的に可能な経験的結果を何一つ除外しないからである。

ⓑ検証可能な仮説

これは、論理的に可能な結果を除外し、その結果によって反証可能である仮説であり、ⓑ-①とⓑ-②には検証可能性の程度において差が存在する。

ⓑ-①「すべての人間集団は、階層化されている」という仮説は検証可能である。それは、階層化されていない人間集団の発見が論理的には可能であるが、実際には存在しないと、その仮説が主張するからである。

ⓑ-②「すべての人間集団は、威信の序列によって階層化されている」という仮説はさらに検証可能である。それは、さらに多くの論理的に可能な結果——幾つかの人間集団はまったく階層化されていない、あるいは、階層化されているが、威信の序列によってではない——を除外し、それらの結果によって、反証されることが可能であるからである。

要するに、検証（テスト）できる仮説を作成するということは、反証できる仮説を作成することである。ポパーは、仮説の反証可能性について図5のようなイメージを描く。

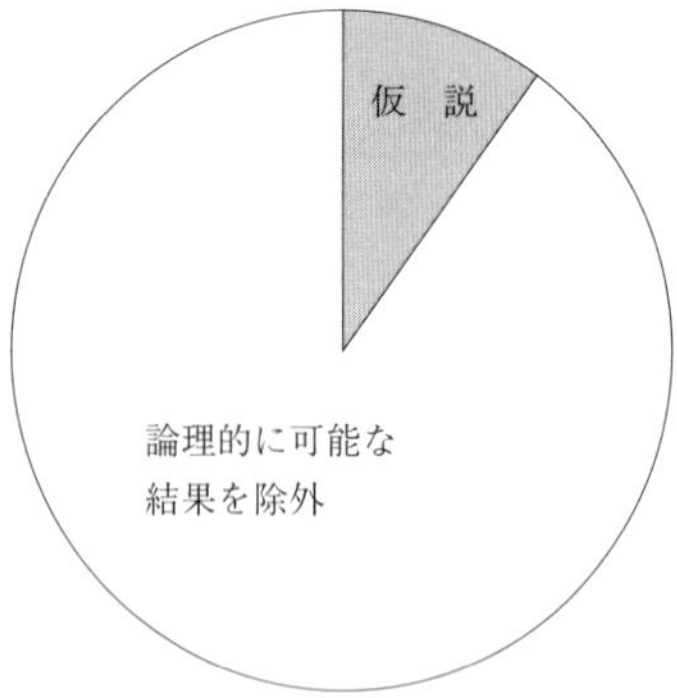

図5　ポパーの反証可能性
（出典）　筆者作成。

図5について説明すると、まず、論理的に可能な基本的言明の集合を円形によって表す。次に、論理的に可能な出来事を一つの半径（あるいは一つの狭い扇形）によって表す。そして、一つの半径（一つの狭い扇形）が特定の理論と両立せず、それによって除外されねばならない部分である。もし除外される扇形の幅が大きければ、それだけその理論を反証するのが容易であることになる。ポパーは、「このような理論は、明らかに、反証するのが非常に容易であろう。それは、その理論が狭い範囲の可能性だけを経験的世界に許すからである」と述べ、「理論的科学は、正確に、この意味で容易に反証可能である理論を獲得することを目指す」と論じる。

仮説を採択するか棄却するかという決定

観察の結果（経験的結果）と理論的仮説の二者を実際に比較する前に、下記の情報構成要素と方法論上の統制についての体系的な批判によって、その二者が比較可能である程度を評価する。

まず、最初の理論、以前の支持、そして、当該の仮説が演繹されたステップについて吟味する。これは、論文の「問題の言明」と「先行研究のレビュー」に要約されている。

次に、個々の観察を行うことに関わる解釈、尺度化、道具化、そしてサンプリングのステップ、そして、関連する経験的一般化を生み出すことに関係する測定、サンプルの要約化、母数の推定のステップについて確認する。これは、論文の「方法」に要約されている。

最後に、仮説の検証、あるいは、観察の結果と仮説を比較し、事実と仮説の間に存在する適合（fit）を検証する。

論理的推論と理論

仮説と観察の結果との適合を検証すると、次に、仮説を採択するか棄却するかという決定を推論によって仮説が演繹された理論に関係づけることになる。決定の結果によって次の三つの選択肢が存在する。

まず、「仮説の採択」である。これは、観察結果が仮説を反証しないことによって、理論に「確証を与える」のである。次は、「仮説を決定的に重要ではない点で反証すること」によって理論を「変更する」のである。最後に、「仮説の棄却」である。これは、仮説の論理的構造と対立理論との競争の歴史において決定的に重要な点で反証することによって、理論を「廃止する」のである。

このように、理論は、常に仮説と結果の間の適合の検証からのインパクトに耐え、修正された形式では、新しい仮説の源泉として用いられ、従って、科学的過程の新しい循環を開始する。そして、同じ仮説の繰り返された――異なる時間と場所で、時々異なる調査者によって異なって解釈される――検証に関与し、結果として、演繹された概念的な仮説に対する支持、あるいは、不支持の証拠が「蓄積し」「説得力のあるものになり」、そして、最後には「圧倒的に多数になる」。要するに、同じ仮説について、様々なサンプルによる反復（replication）調査が重要なものとなるのである。

マートンは「一つの理論的に導き出された仮説が全く異なる仮説あるいは理論に関連する経験的一般化を時々生み出す」と指摘する。それは、有意義な経験的調査は、理論的に導かれた仮説を検証するだけではない。それは、また新しい仮説を生み出すからである。ここで、マートンは、調査の「セレンディピティ（serendipity）」構成要素の重要性について指摘する。セレンディピティのパターンとは、予想していない、変則的で、そして、戦略的なデータを観察するというかなり共通の経験である。そのデータには、新しい理論を開拓する、あるいは、異なる理論を展開する機会になる可能性がある。

6　理論の構造

理論の内部構造――論理的演繹と因果性

科学の最も重要な目的は、自然における必然性（Necessity）を見つけることである。すなわち、私たちは、物事の過去、将来だけでなく、その両方、要するに、物事がどのように「作用しなければならない」かについて知りたい。これは、メカニズム（仕組み、概念枠組、モデル）について理解することである。例えば、私たちは、社会階層がどこに現れようと、いつ現れようと、社会階層そのもの自体を理解したい。

科学が必然性を追求するための手段として、理論の内部構造への二つの一般的規則が役立つ。一つは、論理的演繹の規則であり、もう一つは因果性の規則である。

まず、論理的演繹の例としては、下記の三段論法が挙げられる。

「全ての人は死すべき運命にある」前提（一般的法則）

「ソクラテスは人である」前提（初期条件）

ゆえに、
「ソクラテスは死すべき運命にある」結論（論理的結論）

この例では、結論は、過去に受け入れられた前提からの論理的演繹の結果である。
次に、因果性の例としては、
ソクラテスとアテネの裁判所との政治的関係のような「前提」、ソクラテスの身体内部の代謝の関係の発達のような「先行条件」を表すならば、それは、「ソクラテスは死すべき運命にある（ソクラテスは死ぬだろう）」という因果的結果を表す。

要するに、論理的演繹は、「なぜ」特定の現象が存在する（それが「あとに続いて起こる」）のかについて答え、因果性は「どのように」それが存在する（それが「結果的に生じる」）のかについて答えるのである。このように、「科学的理論」は、必然性を主に論理の規則、あるいは、因果性の規則に帰属させるかどうか、どの時点でそうするかによって、「論理的演繹システムと因果的システムに組織化された命題のセット」として記述される

カプランは、論理的演繹と因果性という理論の内部構造の二つの主要な側面にもとづいて、論理的演繹にもとづく階層的理論、そして、因果性に基づく「連鎖型」理論の二つのタイプの理論を下記のように区別する。

論理的演繹に基づく「階層的理論」

階層的理論は、「演繹的」理論とも呼ばれ、説明項（説明する言明のセット）と被説明項（説明される物事を記述する言明）の関係が論理的に演繹されるものである。これは、「法則タイプ」である。階層的理論は、構成要素となる法則が少数の基本的原則のセットからの演繹として表される（上記の三段論法を参照）。

ヘンペルは、論理的演繹における説明の二つの主要な構成要素を以下のように論じる。まず、説明される現象を記述する文である「被説明項（explanandum）」、次に、その現象を説明するために提示される文のセット（先行条件を特定する文のセット：C_1、C_2……C_k、および、一般法則を示す文のセット：L_1、L_2……L_r）である「説明項（explanans）」である。彼は、「演繹的—法則的説明（deductive-nomological explanation）」、略して「D—N説明」を提唱し、D—N説明において、被

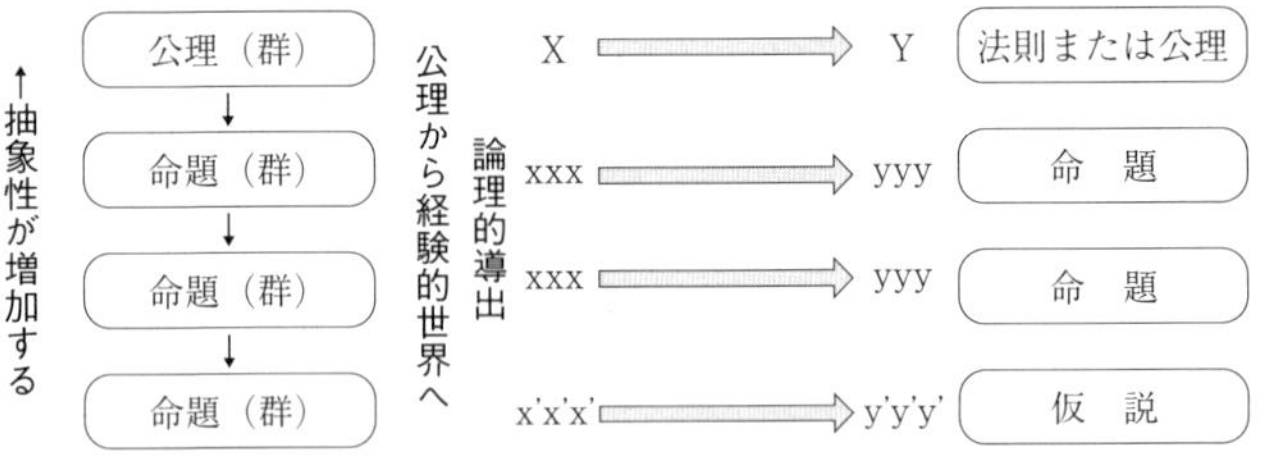

説明＝１つ以上の抽象的な公理の下での経験的斉一性の包含（subsumption）

図 6　階層的理論の例——公理形式

（出典）　Turner（2003：14）の図 1.4 を参考にして筆者作図。

説明項は説明項の論理的結果であると論じる。D－N説明は、被覆法則（covering law）とも呼ばれる。

ブレイスウェイトは、「科学理論の演繹システム」が「初期命題（initial proposition）」と呼ばれる命題のセットから構成される演繹システムであり、論理原則に従って、それから演繹命題（deduced proposition）と呼ばれる他のすべての命題が結果として生じると説明する。

ブレイスウェイトは、演繹システムにおける命題が「レベルの序列の順に並べられ、最高次の仮説はシステムの前提として唯一存在し、最低次の仮説はシステムの結論として唯一存在し、その中間のレベルの仮説は高次の仮説から演繹の結論として存在し、低次の仮説の演繹にとっての前提となる仮説である」と論じる。

ゼターバーグは、上記のような演繹システムを公理形式と呼んでいる。同様に、ターナーは、図6が示すように、演繹法を用いて論理的導出によって抽象的な公理から特定の命題、あるいは、仮説に至る理論形式を公理形式と呼んだ（Turner, 2003：11）。導出されたその命題や仮説が具体的な経験的な状況でどのように出来事が生起するかを予測する。もしその論理的導出が正しければ、その仮説の確証（confirmation）によってその公理が支持される。公理形式の説明は、経験的出来事が公理において述べられている、より抽象的な関係の特定の経験的な例の一つとして考えられるとき、その経験的出来事は説明されると想定される。

観察に科学における極めて重要な役割を与えるのは、まさに、すべての論理的に可能な命題から経験的に真である命題を見つけるという問題と密接に関わっているからである。また、科学の進歩は、「取り換えるよりはむしろ論理的に包含することによって古いものと入れ替わる、新しい経験的な観察を予測し、検証し、命題を再配列し、新しい「公準」「公理」、あるいは「初期命題」を創造し考察することに関与している。従って、理論の歴史において特定の時点で理論の両端において「究極である」と考えられるいかなるものも、次の時点では、中間的なものでしかないと考えられるだろう。

因果性に基づく「連鎖型（concatenated）」理論　これは「パターン化された」理論とも呼ばれ、被説明項と説明項、あるいは「構成要素となる法則」の関係は、因果的である。これは「要因タイプ」である。構成要素となる諸法則が諸関係のネットワークの一部になり、識

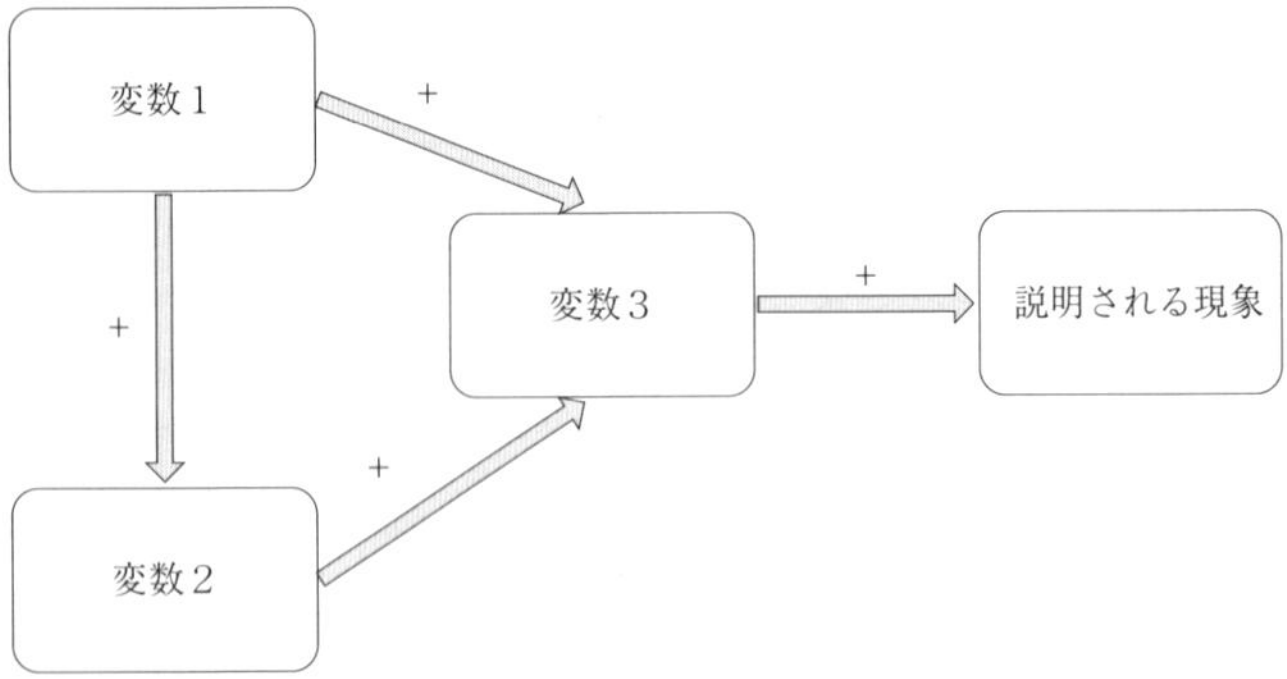

説明＝説明されるべき現象の変異を説明する変数間の因果関係を辿ること

図7　連鎖型理論の例――因果過程形式

（出典）　Turner（2003：14）の図1.5を参考にして筆者作図。

別できる形態、あるいは、パターンを構成するものである。

ターナーは、因果過程形式の説明は、特定の出来事に影響を与える出来事の因果的継起（causal sequences）を辿ることであると論じる。説明は、論理的演繹は含まないが、研究者が興味を持っている特定の出来事の変異を説明する変数間の因果関係についての言明を含むものである。

上記の二つのタイプの理論に関して、カプランは、「究極的には、ただ一種類の説明が存在する。それは、演繹的な説明である」と論じ、一方、連鎖型、あるいは、パターンモデル理論は、理論形成の初期段階において非常に役立つものであると指摘する。

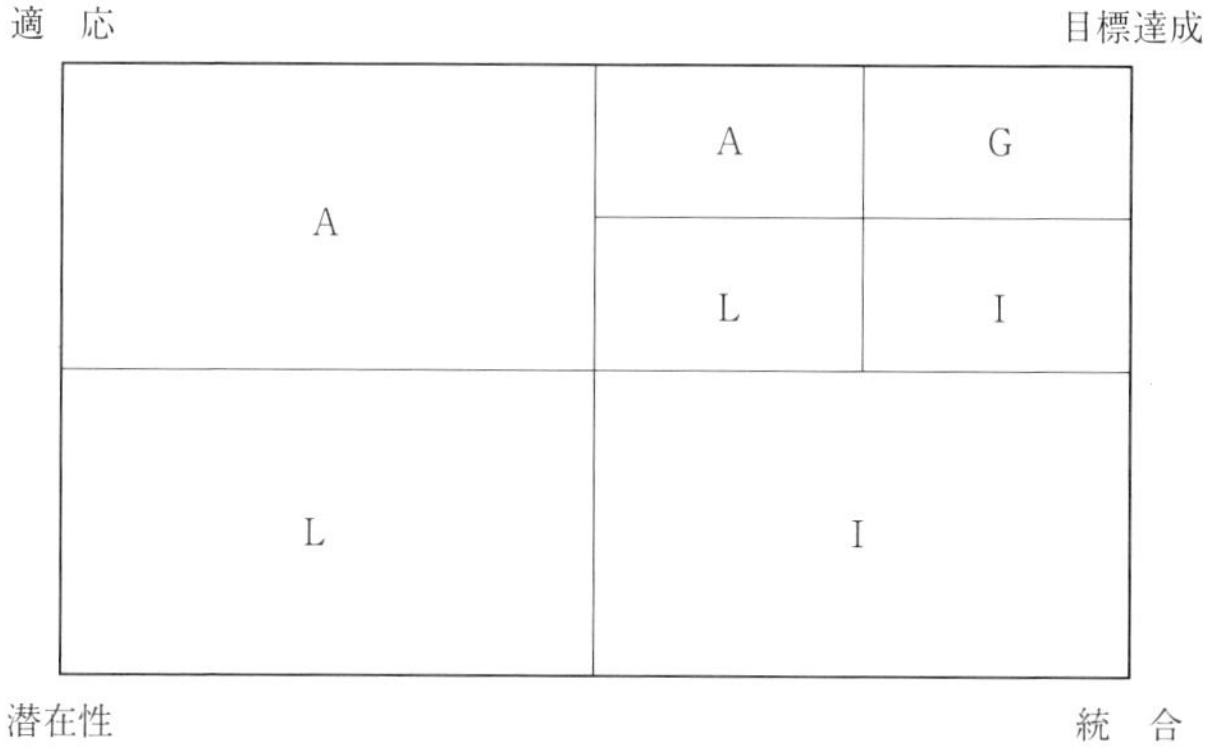

図 8　組成的戦略の例――パーソンズの AGIL 図式

（出典）渡辺（2007：2）の図 1－1 を参考にして筆者作図。

因果的戦略

二つの因果的戦略

上記の因果性に基づく二つの因果的戦略が考えられる。それは、ⓐ現象の原因、そして、ⓑ現象の結果である。例えば、デュルケームは、「社会現象の説明がなされる時、それを生み出す動力（作用）因とそれが果たす機能を別々に探さねばならない」と指摘する。前者が因果的戦略ⓐタイプであり、現象の原因が動力（作用）因である。後者は、因果的戦略ⓑタイプであり、現象の結果が機能である。

二つの組成的（compositional）戦略

これらは、因果的な戦略の下位タイプである。組成的戦略ⓐタイプは、構成要素となる実体、過程、あるいは、特性（現象の諸部分）に、そして、ⓑタイプは、（その現象自体が一部である）大きな「背景」全体に注目する。組成的戦略ⓐは、特定の内生の原因と結果について焦点を絞り、組成的戦略ⓑは外生の原因と結果を探す。

例えば、図8が示すように、社会システム（二者関係から複雑な社会までの社会単位を総称するもの）が存在するために必要とされるニーズ、すなわち、社会システムの生存のために解決しなければならない問題についてのパーソンズ（Parsons, 1960）の AGIL 図式は、組成的戦略の一例と考えられる。特定の社会システムが存在するために解決する必要のある四つの問題がA（適応）G（目標達成）I（統合）L（潜在性）である。図8は、図全体がSを示し、Sを構成している四つの諸部分―下位システムがs_1、s_2、s_3、s_4である。すなわち、Sのそれぞれの下位システムが問題解決のための特定の働き（機能）を持つのである。これは、組成的戦略ⓐタイプの例である。

図8の右上の象限は、システム全体ではG（目標達成）の機能を持っていることを意味する。今度は、そのGセクターを一つのシステムとみなすと、そのセクターをSとして、その下位システム（s_1、s_2、s_3、s_4）を AGIL で分析することができる。このように、Sは下位システムs_1、s_2、s_3、s_4を常に内包し、s_1、s_2、s_3、s_4は高次のシステムSの常に一部として存在する。図8は、全体としてちょうど重箱のような構造になっている。すなわち、これは、組成戦略ⓑタイプの例

でもある。

ワラスは、「官僚制を社会的組織の一形態として説明し予測したい」という問題を設定し、因果的戦略ⓐ・ⓑタイプ、そして、組成的戦略ⓐ・ⓑタイプで分析するとどのような内容になるのかを下記のように例示している。

因果的ⓐ戦略　官僚制が貨幣経済、国家、管理的課題の増加と多様化など、あるいは、カリスマ的指導者が弱体化し死んだ時に生じる後継者の問題の結果であることを示す。

因果的ⓑ戦略　社会全体として採用についての普遍主義的な基準の普及、あるいは、他の人々に対する非個人的（impersonal）で私情をはさまない公平な態度が支配的になるなどの現象を強調する。

組成的ⓐ戦略　官僚制が職員の階層的な組織から構成され、職員は技術的な資格のみに基づいて任命され、各自が特定化された領域の能力と責任を持ち、手続き上の規則に厳しく統制されていることを示す目録を生み出す。

組成的ⓑ戦略　国家、任意団体、労働組合、政党などの包括的な社会的実体の構成要素であることを示す別の目録を生み出す。

論理演繹（階層構造）的戦略

分類戦略

分類（classificatory）戦略とは、関心のある現象を分類図式に位置付け、そこの位置から、現象それ自体について直接知られているよりも多くの情報を推論（演繹）しようとするものである。例えば、官僚制に関する分類戦略は、官僚制と他の形態の社会的組織（家族、派閥、群衆、チームなど）との間の分類上の関係を詳しく述べる言明を生み出す。その言明から、官僚制が後者の社会的組織において作用している諸要因のいくつかの特別な事例であることを結論付ける。

包括的な理論的システムの発達には、（当該の科学によって受け入れられる現象の）種類についての予備的な分類が達成されて初めて可能であるように思われる。様々な種類に注目し、序列付けることは、共通して認識される法則のタイプの発見を可能にし、広範囲に及ぶ理論の構築にとっての前提条件である。

分類戦略は、科学の歴史の初期において用いられると考えられる。それは、現象が構成されているいくつかの因果的および組成的な要素がまだ体系的に分類されず、まだ体系的にまとめられていないからである。

ターナーは、ここでの分類戦略を分析図式と呼び、「社会世界における重要な特性、および、

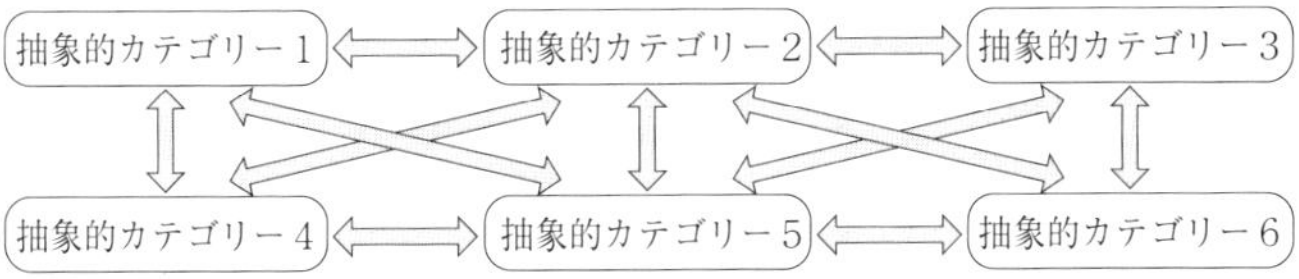

説明＝経験的出来事のタイポロジーにおいて場所を見つけること
⇔は明確に定義された概念的カテゴリーを連結する過程を概念を用いて特定する

図9　分類戦略の例――タイポロジーモデル

（出典）　Turner（2003：11）の図1.3を参考にして筆者作図。

その間の相互関係を示す分類図式を作成すること」と定義し、経験的出来事の説明は、「その出来事にとって、経験的出来事のタイポロジーにおける場所が見つかることである」（Turner, 2003：9）と述べている。

ワラスは、分類戦略の二つの利点について、まず、説明の簡潔性（parsimony）を高めること、次に、当該の現象についての新しい仮説が演繹される即時の源を提供することと論じている。

ここで、ワラスは、「あなたが現象Yを説明したいと想定しよう」という研究課題を設定し、これまで説明したすべての戦略の分析内容を次のように例示する。

因果的ⓐ　Yは、これこれしかじかの先行変数によって引き起こされる。

因果的ⓑ　Yは、これこれしかじかの結果を引き起こす。

組成的ⓐ　Yは、これこれしかじかの属性、実体、あるいは、過程から構成されている。

組成的ⓑ　Yは、これこれしかじかの属性、実体、あるいは、過程の一つの構成要素である。

分類的ⓐ　Yは、これこれしかじかの類型の特定の種類に位置付けられる。

記述的研究と説明的研究　記述的研究では、組成的戦略を示し、主題となる現象の諸部分、あるいは、諸属性が部分である大きな全体が分類される。一方、説明的研究では、因果的な戦略の一つ、あるいは、両方に従って進み、現象の原因、結果を明記するのである。しかしながら、いかなる現象の十分に満足な説明は、上記の戦略の一つではなく、すべてを必要とするのである。

理論の評価基準　理論の評価基準として、範囲、抽象性のレベル、簡潔性、言語（決定性、普遍性、柔軟性、抽象性）が存在する。

まず、「範囲」とは、特定の理論の視界に入る母集団の部分の実体的、空間的な拡大を測定するものである。範囲の属性空間（property-space）は、実体的範囲と空間‐時間的範囲という理論の二つの次元によって記述される。まず、被説明項に含まれる言及の実体的範囲がⓐ準拠集団や官僚制などから諸部分、諸属性、諸過程である全体の社会システムを説明する場合と、ⓑ官僚制、準拠集団、社会移動、都市化だけを理論が説明しようとする場合では、ⓑにおける被説明項の実体的範囲はⓐよりも狭い。

次に、被説明項に含まれる言及の空間―時間的範囲がⓐどの時代、あるいは、どの場所における官僚制を説明しようとする場合と、ⓑ十九世紀ドイツの官僚制だけ、あるいは、二十世紀の米国の社会システムだけを説明しようとする場合では、ⓑにおける被説明項の実体的範囲はⓐよりも狭い。

マートンの中範囲の理論では、「最も確実な道は、特別な理論から一般理論へ到るのであり、むしろその逆ではない」という意図のもとで、社会現象の限定された側面を扱い、すなわち、「限られた概念的範囲に適用可能な特別な理論を発達させること」が主張されている。例えば、マートンは、逸脱行動、目的的行為の予期せざる結果、社会的知覚、準拠集団、社会統制などの理論を構築し、これらの「中範囲の理論を徐々に統合し、これらの理論がより一般的な公式化の特別な事例になるのである」と論じる。彼は、全体システム理論に対して、中範囲の理論の重要性を主張する。

次に、「抽象性のレベル」は、実際の観察に対するその理論の概念の近さを測定する基準であり、低いレベルの抽象性で形成された理論はすでに解釈された「検証仮説」のセットであるが、高いレベルの抽象性で形成された理論は、より観念的であり、実際の観察から距離があり、その解釈はかなり難しい。また、抽象性のレベルが高ければ高いほど、それだけ範囲が広い。

そして、理論の「簡潔性（parsimony）」は、その理論には重複がないということを意味する。これは、「理論は簡潔であるべきである」という基準である。すなわち、同じ被説明項を説明する他の可能な理論と比べて、それが単純でなければならない。理論の不必要な要素（形式・内容）は捨てられる（省かれる）べきである。結果として、理論間の比較において簡潔なものが選択される。ポパーは、「より単純な理論はより簡単に検証可能である」と論じる。

最後に、言語に関する基準であり、特定の種類の理論的言語について問うべき最初の科学的質問は、その「適合性」である。すなわち、そのシンボルと規則が観察された現象とその理論の主題に一般的に対応するかどうかということである。

言語の評価に関する四つの可能な基準は、決定性、普遍性、柔軟性、抽象性である。

①決定性　高度に明示的で、曖昧でない言明を表すことができなければならない

②普遍性　文化が異なっても、できるだけ明確に普遍的に理解されるべきである

③柔軟性　言語は、柔軟でなければならない。それは、一般的あるいは単純な言明であるのと同様に、高度に特定的あるいは高度に複雑な言明であることが可能であり、言明を変換する正確な規則を含むという意味においてである

④抽象性　言語は、それを用いる理論の拡大を促進すべきであるから理論的な含意を引き出すことができる

参考文献

Bridgman, Percy W. 1948. *The Logic of Modern Physics*. Macmillan.
村上陽一郎、1979.『新しい科学論——「事実」理論を倒せるか』講談社ブルーバックス。
Parsons, Talcott. 1960. *Struture and Process in Modern Societies*, The Free Press.
Smelser, Neil J. and Warner, Stephen R., 1976. *Sociological Theory : Historical and Formal*. General Learning Press.
高根正昭、1979.『創造の方法学』講談社現代新書。
Turner, Jonathan H. 2003. *Structure of Sociological Theory, 7th edition*. Wadsworth, a division of Thomson Learning, Inc.
Wallace, L. Walter. ed. 1969. *Sociological Theory*. Aldine Publishing Company.
渡辺深、2007.『組織社会学』ミネルヴァ書房。

訳者あとがき

本書は、Walter L. Wallace. 1971. *The Logic of Science in Sociology*. Chicago : Aldine Publishing Company の全訳である。

本書の目的は、社会学の理論と方法が、どのようにして、コインの表裏のように相互に関係して科学的過程を構築するのかについて明らかにすることである。本書は、理論と方法に関する古典的名著として、一九七一年に出版されて以来現在まで社会学の入門書として読まれ続けてきた。特に、本書で図示される理論と方法の循環モデルは、理論と方法が回転しながら科学的過程を構成することを容易に理解させるものである。大学の私の社会学の授業では、この図に「ワラスの輪」という愛称を付けて説明している（各章頭の図は原著に倣い、それぞれの内容を示している）。

本書と初めて出会ったのは、私が上智大学四年生の時に、故高根正昭先生の「理論と方法」のクラスを受講し、教科書の一冊として本書を講読した時である。先生のおかげで、理論と方法が別々に存在するのではなく、その二つが相互に密接に関係することを学んだ。また、その時「ワラスの輪」を見て「なるほど、良くできている図だな！」と感心したのを覚えている。

次に、ワラスの著作に出会ったのは、米国コロンビア大学大学院に留学した時に受講した修士課程の必須科目であった社会学理論の授業である。それは、故ウィリアム・グード先生の授業で使った教科書（Walter L. Wallace, ed. 1969. *Sociological Theory*. Chicago : Aldine Publishing Company）であった。この著書は、ホマンズ（George C. Homans）、ブラウ（Peter Blau）、マートン（Robert K. Merton）、ミード（George H. Mead）、ブルーマー（Herbert Blumer）、パーソンズ（Talcott Parsons）などの社会学の主要な理論家の論文集であり、第一部では、ワラスが社会学理論を概観し、理論の類型化と各理論の説明を行っている。序文では、数頁ではあるが、「ワラスの輪」に関する非常に簡潔な説明がなされていて、この部分だけでも一読をお勧めする。このように、ワラスとは面識はないが、私は若い時から彼の著書を通じてその緻密な分析手法の素晴らしさに接することができた。

原著者のウォルター・ワラスは、一九二七年生まれ、二〇一五年九月に八八歳で亡くなった。一九五四年にコロンビア大学で学士、一九五五年にアトランタ大学で修士、一九六三年にシカゴ大学で社会学博士の学位を取得した。スペルマン大学、ノースウェスタン大学で教鞭をとり、一九七一年から二〇〇一年までプリンストン大学で長らく教え、その後は名誉教授として活躍していた。

彼の専門領域は、社会学理論、そして、エスニシティ・人種・ナショナリティである。前者の専門に関する著書としては、本書の他に、Walter L. Wallace. 1983. *Principles of Scientific Sociology.* Chicago : Aldine Publishing Company、また、1994. *Weberian Theory of Human Society : Structure and Evolution.* Bew Brunswick, New Jersey : Rutgers University Press、あるいは、2009. *Malthus, Darwin, Durkheim, Marx, Weber, and Ibn Khaldun : On Human Species Survival.* Gordian Knot がある。後者の専門に関する著書では、Walter L. Wallace. 1997. *The Future of Ethnicity, Race, and Nationality.* Westport, Connecticut : Praeger（ウォルター・ワラス、水上徹男・渡戸一郎訳、『エスニシティ・人種・ナショナリティのゆくえ』二〇〇三年、ミネルヴァ書房）がある。

本書には科学哲学の論文から多数の引用があり、訳業において、社会学が専門の私には難しい点もあったが、この訳業を通じて、訳者自身たびたび新しい発見があり、とても楽しい経験であった。

万全を期して努力したつもりであるが、思わぬ誤訳もあろうかと思う。読者諸氏のご叱正をお願いしたい。

なお、この訳書出版のためにお世話をいただいた堀川健太郎さんに特に感謝したい。

最後に、常に私を支えてくれる妻容子に感謝したい。

二〇一七年七月

渡辺　深

人名索引

あ 行

アインシュタイン（Einstein, Albert） 58
アッシュ（Asch, Solomon E.） 26
ウィルソン（Wilson, William J.） 71
ウェーバー（Weber, Max） 156
ウェブ（Webb, Eugene J.） 108

か 行

ガットマン（Guttman, Louis） 87
カプラン（Kaplan, Abraham） 27, 36, 47-49, 55, 70, 72, 91, 107, 112, 116, 118, 121, 127, 140, 149, 150, 152, 154, 156-158, 167, 170, 171
ガリレオ（Galileo） 26, 150
カルナップ（Carnap, Rudolf） 153
ギブズ（Gibbs, Jack P.） 28
キャンベル（Campbell, Donald T.） 157
クーン（Kuhn, Thomas S.） 27, 28, 60, 70, 107, 157, 170
グリア（Greer, Scott） 27, 72, 107
グレーザー（Glaser, Barney G.） 27, 152
クワイン（Quine, Willard V.） 151
コスナー（Costner, Herbert L.） 90

さ 行

シェフラー（Scheffler, Israel） 150
シェリフ（Sherif, Muzafer） 26
スティーブンス（Stevens, S. S.） 85, 87
スティンチコム（Stinchcombe, Arthur L.） 27, 108, 151, 156, 160, 170
ストラウス（Strauss, Anselm L.） 27, 152
ゼターバーグ（Zetterberg, Hans L.） 54, 55, 68, 72, 80, 82, 90, 91, 107, 117, 123, 153, 156, 158

た・な行

ダーウィン（Darwin, Charles） 26
ダグラス（Douglas, Jack D.） 28
ダンカン（Duncan, Otis Dudley） 87, 156
デュービン（Dubin, Robert） 72, 89, 91, 92
デュモン（Dumont, Richard G.） 71
デュルケーム（Durkheim, Emile） 19, 28, 108, 125, 140, 156, 159
ネーゲル（Nagel, Ernest） 26, 34, 42, 54, 56, 61, 72, 80, 84, 89, 121, 129, 130, 147, 151, 153, 155
ノース（North, C. C.） 92

は 行

バーグマン（Bergmann, Gustav） 27, 153, 154
バートン（Barton, Allen H.） 154, 155
ハイス（Heise, David R.） 156
ハット（Hatt, Paul K.） 92
ハンソン（Hanson, Norwood Russell） 47
ファイグル（Feigl, Herbert） 76, 90, 151
ブードン（Boudon, Raymond） 156
ブラック（Black, Max） 49
ブラロック（Blalock, Hubert M. Jr.） 27, 29, 72, 81, 99, 100, 128, 130, 135, 148, 152-154, 170
ブリッジマン（Bridgman, Percy W.） 62
ブレイスウェイト（Braithwaite, Richard Bevan） 45-47, 54, 72, 77, 121, 146, 150, 151, 154, 160
ベールズ（Bales, Robert F.） 86
ヘンペル（Hempel, Carl G.） 62, 64, 69, 90, 118-120, 145, 153, 158
ボーム（Bohm, David） 27, 72, 90, 126, 150, 156, 159
ボールディング（Boulding, Kenneth E.） 160
ポパー（Popper, Karl R.） 8, 27, 35, 41, 58, 59, 78, 96, 97, 99, 107, 123, 125, 133, 141, 153, 168
ホマンズ（Homans, George C.） 68

ま 行

マートン（Merton, Robert K.） 26, 28, 54-56, 60, 68-71, 90, 105, 107, 133, 135, 137, 138, 169, 171
マリノフスキー（Malinowski, Bronislaw） 26
ミルズ（Mills, C. Wright） 16, 27, 159
モンタギュ（Montague, William Pepperell） 26

ら・わ行

ライヘンバッハ（Reichenbach, Hans） 107
ラザースフェルド（Lazarsfeld, Paul F.） 89, 170
ラザーウィッツ（Lazerwitz, Bernard.） 92
ランド（Land, Kenneth C.） 156
レイク（Leik, Robert K.） 90
ローゼンバーグ（Rosenberg, Morris） 89
ワトフスキー（Wartofsky, Marx W.） 35, 46, 48, 49, 70, 85, 150, 155, 159

事項索引

さ　行

た　行

な　行

は　行

《著者紹介》

ウォルター・ワラス（Walter L. Wallace）

1927年　米国ワシントン D. C. 生まれ。

1954年　コロンビア大学（学士）。

1955年　アトランタ大学（修士）。

1963年　シカゴ大学（社会学博士）。

1971～2001年　プリンストン大学教授。

その後は名誉教授として活躍し，2015年逝去。

専門領域は社会学理論，エスニシティ・人種・ナショナリティ。

主　書　*Principles of Scientific Sociology.* Chicago : Aldine Publishing Company, 1983.

Weberian Theory of Human Society : Structure and Evolution. Bew Brunswick, New Jersey : Rutgers University Press, 1994.

The Future of Ethnicity, Race, and Nationality. Westport, Connecticut : Praeger, 1997.（ウォルター・ワラス著，水上徹男・渡戸一郎訳『エスニシティ・人種・ナショナリティのゆくえ』2003年，ミネルヴァ書房）。

Malthus, Darwin, Durkheim, Marx, Weber, and Ibn Khaldun : On Human Species Survival. Los Angeles : Gordian Knot, 2009.

《訳者紹介》

渡辺　深（わたなべ・しん）

1949年　東京生まれ。

1975年　上智大学文学部卒業。

1977年　コロンビア大学大学院社会学専攻修士課程修了。

1987年　カリフォルニア大学ロスアンジェルス校大学院社会学専攻博士課程修了，社会学博士。

現　在　上智大学総合人間科学部教授。

主　著　『転職の社会学』ミネルヴァ書房，2014年。

『組織社会学』ミネルヴァ書房，2007年。

『転職のすすめ』講談社，1999年。

『転職』（マーク・グラノヴェター著・訳著）ミネルヴァ書房，1998年。

科学論理の社会学

――「ワラスの輪」というモデル――

2018年5月30日　初版第1刷発行　〈検印省略〉

定価はカバーに表示しています

訳　者　渡　辺　　深

発行者　杉　田　啓　三

印刷者　坂　本　喜　杏

発行所　株式会社　ミネルヴァ書房

607-8494　京都市山科区日ノ岡堤谷町1

電話代表　(075)581-5191

振替口座　01020-0-8076

冨山房インターナショナル・新生製本

ISBN 978-4-623-08290-2

Printed in Japan